D1729622

Anja Horn

# Die EU-Initiative "New Skills for New Jobs"

Welche beruflichen
Qualifikationserfordernisse
sind in Deutschland und
Großbritannien zu erwarten?

Diplomica® Verlag GmbH

Horn, Anja: Die EU-Initiative "New Skills for New Jobs": Welche beruflichen
Qualifikationserfordernisse sind in Deutschland und Großbritannien zu erwarten?.
Hamburg, Diplomica Verlag GmbH 2013

Buch-ISBN: 978-3-8428-9198-2
PDF-eBook-ISBN: 978-3-8428-4198-7
Druck/Herstellung: Diplomica® Verlag GmbH, Hamburg, 2013

**Bibliografische Information der Deutschen Nationalbibliothek:**
Die Deutsche Nationalbibliothek verzeichnet diese Publikation in der Deutschen
Nationalbibliografie; detaillierte bibliografische Daten sind im Internet über
http://dnb.d-nb.de abrufbar.

© Diplomica Verlag GmbH
Hermannstal 119k, 22119 Hamburg
http://www.diplomica-verlag.de, Hamburg 2013
Printed in Germany

# Inhaltsverzeichnis

## Hinweis

In vorliegendem Buch wird aus sprachlichen Gründen ausschließlich die männliche Form verwendet. Dies schließt die weibliche Form mit ein.

# Abbildungsverzeichnis

# Tabellenverzeichnis

# Abkürzungen und Akronyme

| | |
|---|---|
| ABl. C | Amtsblatt der Europäischen Union – Mitteilungen, Bekanntmachungen |
| ABl. L | Amtsblatt der Europäischen Union – Rechtsvorschriften |
| AdeBar | Arbeitsnahe Dauerbeobachtung der Qualifikationsentwicklung |
| AdR | Ausschuss der Regionen |
| AN | Arbeitnehmer |
| AG | Arbeitgeber |
| BIBB | Bundesinstitut für Berufsbildung |
| BLK | Bund-Länder-Kommission für Bildungsplanung und Forschungsförderung |
| BMBF | Bundesministerium für Bildung und Forschung |
| bzw. | beziehungsweise |
| Cedefop | European Centre for the Development of Vocational Training (Europäisches Zentrum für die Förderung der Berufsbildung) |
| CQAF | Gemeinsamer Bezugsrahmen für die Qualitätssicherung (englisch: Common Quality Assurance Framework) |
| D | Deutschland |
| DQR | Deutscher Qualifikationsrahmen |
| EBO | Europäisches Beschäftigungsobservatorium |
| ECTS | Europäisches System zur Übertragung und Akkumulierung von Studienleistungen (englisch: European credit transfer and accumulation system) |
| ECVET | Europäisches Leistungspunktesystem für die Berufsbildung (englisch: European credit system for vocational education and training) |
| EG | Europäische Gemeinschaft |
| EGV | Vertrag zur Gründung der Europäischen Gemeinschaft |
| EP | Europäisches Parlament |
| EQR | Europäischer Qualifikationsrahmen (englisch: EQF – European Qualification Framework) |
| etc. | et cetera |
| EU | Europäische Union |
| EUV | Vertrag über die Europäische Union |
| EWSA | Europäischer Wirtschafts- und Sozialausschuss |
| ff. | fort folgende |
| FreQueNz | Früherkennung von Qualifikationserfordernissen im Netz |
| FuE | Forschung und Entwicklung |
| GB | Großbritannien |
| gem. | gemäß |
| ggf. | gegebenenfalls |
| ggü. | gegenüber |

| | |
|---|---|
| GNVQs | General National Vocational Qualifications |
| grds. | grundsätzlich |
| h.L. | herrschender Lehre |
| Hrsg. | Herausgeber |
| IAA | Internationales Arbeitsamt Genf |
| IAB | Institut für Arbeitsmarkt- und Berufsforschung der deutschen Bundesagentur für Arbeit |
| IAO | Internationale Arbeitsorganisation (englisch: ILO - Internationale Arbeitsorganisation) |
| IBA | Interregionale Arbeitsmarkbeobachtungsstelle |
| IER | Institute for Employment Research der britischen Warwick Universität |
| IKT | Informations- und Kommunikationstechnologie |
| ISCED | Internationale Standardklassifikation für das Bildungswesen (International Standard Classification of Education) |
| i.S.d. | im Sinne des/der |
| i.S.v. | im Sinne von |
| ISW | Institut für Strukturpolitik und Wirtschaftsförderung gemeinnützige Gesellschaft mbH |
| IT | Informationstechnologie |
| i.V.m. | in Verbindung mit |
| KOM | Europäische Kommission |
| LLL | lebenslanges Lernen |
| LSCs | Learning and Skills Councils |
| MS | Mitgliedstaat/en der Europäischen Union |
| NVQs | National Vocational Qualifications |
| OECD | Organisation für wirtschaftliche Zusammenarbeit und Entwicklung (englisch: Organisation for Economic Co-operation and Development) |
| RDAs | Regional Development Agencies |
| S. | Seite |
| SSCs | Sectoral Skill Councils |
| SSDA | Sector Skills Development Agency |
| Tab. | Tabelle |
| u.a. | unter anderem |
| vgl. | vergleiche |
| WZB | Wissenschaftszentrum Berlin für Sozialforschung |
| z.B. | zum Beispiel |

# Abstract

Die Zunahme des Dienstleistungssektors und der Wandel von Arbeit wird von Verschiebungen der nachgefragten Arbeitskräfte und gestiegenen Qualifikationsanforderungen in allen Sektoren begleitet. Wenn Bildungssysteme und Maßnahmen der Arbeitspolitik nicht auf den Qualifikationsbedarf ausgerichtet sind, können Arbeitsmarktfehlentwicklungen entstehen.

Vor diesem Hintergrund untersucht die vorliegende Studie, wie in Deutschland und Großbritannien Arbeitsmarktentwicklungen vorausgesagt werden können, wie durch die Anpassung der Qualifikation der Beschäftigten an die Arbeitsmarktnachfrage Fehlentwicklungen entgegengesteuert werden kann und welche Kompetenzen und Qualifikationen zukünftig erforderlich sind. Dies wird im Gesamtkontext der jeweiligen nationalen Bildungs- und Arbeitsmarktsituation sowie unter Berücksichtigung der durch die Europäische Union ergriffenen Maßnahmen betrachtet.

Zunächst wurde festgestellt, dass ein großer Einfluss auf die nationalstaatliche Politikausgestaltung durch die Angleichung der Bildungs- und Berufsbildungssysteme aufgrund der Initiativen der Europäischen Union besteht. Die angestrebte EU-weite Vergleichbarkeit der schulischen und beruflichen Leistungen ist ein wichtiger und förderlicher Schritt zur Transparenz europäischer Bildungssysteme. Länderübergreifende Bewertungsmöglichkeiten von erworbenen Qualifikationen sind für die Arbeitskräftemobilität förderlich.

Die vergleichende Analyse der deutschen und britischen Arbeitsmarkt- und Bildungssituation ergab, dass in beiden Ländern Reformmaßnahmen zu Änderungen der bisherigen Systeme geführt haben. Diese sind insbesondere die Maßnahmen des New Deals und des Leitch Review of Skills in Großbritannien sowie die Empfehlungen der Hartz-Kommission für den Arbeitsmarkt und die Anpassung des Hochschulsystems aufgrund des europäischen Bologna-Prozesses in Deutschland.

Trotz dieser Reformen haben Arbeitsmarkt- und Bildungsindikatoren in der statistischen Auswertung Fehlentwicklungen in Deutschland und Großbritannien ergeben. In Deutschland sind vor allem geringqualifizierte Arbeitskräfte arbeitslos und können aufgrund fehlender Qualifikationen häufig nicht auf die vorhandenen freien Arbeitsstellen vermittelt werden. In Großbritannien fehlt eine große Anzahl von Beschäftigten mit mittlerem Qualifikationsniveau und es gibt eine hohe Arbeitslosenquote bei Jugendlichen.

Daraus wird geschlussfolgert, dass es oft an den zur Stellenbesetzung erforderlichen Kompetenzen und Qualifikationen bei Arbeitskräften fehlt. Um die Beschäftigungsfähigkeit dieser Personen zu fördern, müssen durch Prognosen Beschäftigungstrends herausgefunden und zukünftige Qualifikationserfordernisse ermittelt werden. Um zielführende Vorhersageergebnisse zu erreichen, werden die national angewendeten Prognosemethoden verglichen. Diese Ergebnisse zeigen, dass vor allem ein ganzheitlicher Vorhersageansatz mit kurzfristigen Analysen erforderlich ist.

Die Untersuchung verdeutlicht, dass zukünftig soziale Kompetenzen und Kenntnisse der Informations- und Kommunikationstechnologie bei fast allen Berufsbildern notwendig sind.

Staatliche Maßnahmen müssen diese Kompetenzen gezielt ausbilden und Weiterbildung und lebenslanges Lernen fördern. Nur so kann Bildungs- und Arbeitsmarktfehlentwicklungen entgegengewirkt, eine verbesserte Anpassung beruflicher Fertigkeiten an das Arbeitsplatzangebot erreicht und eine bessere Beschäftigungsmöglichkeit für Arbeitskräfte erzielt werden.

# 1 Einleitung

## 1.1 Thematische Einführung: Der Arbeitswandel und die veränderten Anforderungen an Arbeitskräfte

„Europa steht vor Qualifikationskrise".[1] „Fachkräftemangel kommt Deutschland teuer".[2] „In Großbritannien werden viele offene Arbeitsstellen aufgrund fehlender Kompetenzen bei britischen Arbeitskräften von ausländischen Arbeitnehmern besetzt."[3] – Diese Schlagzeilen aus den Medien zeigen, dass trotz hoher Arbeitslosigkeit in vielen Mitgliedstaaten der Europäischen Union (EU) Arbeitsstellen aufgrund mangelnder Qualifikationen von Arbeitnehmern häufig nicht besetzt werden können.

Diese Diskrepanz beruht auf einem Wandel der Arbeit und der beruflichen Qualifikationserfordernisse. Ursachen hierfür sind vor allem die zunehmende Globalisierung und der technische Fortschritt sowie die Steuerung und Vernetzung durch die Informations- und Kommunikationstechnologie (IKT). Daneben sind der regionale Strukturwandel, das Wachstum des tertiären Sektors[4] sowie die Ausweitung von Dienstleistungen und kundenorientierter Arbeit ursächlich. Damit einher gehen veränderte Arbeitsinhalte und Tätigkeiten (z.B. Dienstleistungs- und Wissensarbeit) sowie neue, oft flexiblere Formen der Beschäftigung. Es werden somit auch neue Anforderungen an Arbeitskräfte gestellt. Veränderte Qualifikationen erfordern spezifisches Wissen, fundierte Allgemeinbildung, soziale Kompetenzen, Flexibilität, schnelle Auffassungsgabe, Mobilität und die Bereitschaft zum lebenslangen Lernen.

Die Europäische Kommission (KOM) hat am 16. Dezember 2008 im Rahmen der Initiative „Neue Kompetenzen für neue Beschäftigungen"[5] Vorschläge veröffentlicht und Maßnahmen empfohlen, damit berufliche Kompetenzen besser an das Arbeitsplatzangebot angepasst und erforderliche Qualifikationen für den zukünftigen Arbeitsmarkt effektiver analysiert und prognostiziert werden können. Der Diskrepanz zwischen Angebot und Nachfrage auf dem Arbeitsmarkt soll auf diese Weise entgegengewirkt werden.

Vor allem in der aktuellen weltweiten Wirtschafts- und Finanzsituation mit den sich verschlechternden Bedingungen auf dem Wirtschafts-, Finanz- und Arbeitsmarkt ist die Investition in Humankapital als einer Determinante von Wachstum, Beschäftigung und Löhnen besonders bedeutsam. Bildung und Fortschritt stellen die Grundbausteine für Prosperität und Wettbewerbsfähigkeit einer Volkswirtschaft dar.[6] Insbesondere die zahlreichen Produkt- und Prozessinnovationen erfordern neue und veränderte Qualifikationen der Arbeitskräfte. Durch die sinkende Anzahl von Routinetätigkeiten im Arbeitsalltag nimmt der Anteil der Arbeitsplätze für geringqualifizierten Arbeitnehmer ab, während der Bedarf an hochqualifizierten Be-

---

[1] EurActiv.com erschienen am 03.03.2009: Europa steht vor Qualifikationskrise, http://www.euractiv.com/de/eu-summit/europa-steht-qualifikationskrise/article-179926; letzter Zugriff am 28.03.2009.
[2] Handelsblatt.com vom 20.08.2007: Fachkräftemangel kommt Deutschland teuer, http://www.handelsblatt.com/politik/deutschland/fachkraeftemangel-kommt-deutschland-teuer, letzter Zugriff am 28.03.2009.
[3] EurActiv.com erschienen am 04.01.2007: Großbritannien über Kosten und Vorteile der Einwanderung gespalten,http://www.euractiv.com/de/erweiterung/grobritannien-kosten-vorteile-einwanderung-gespalten/article-160666; letzter Zugriff am 28.03.2009.
[4] Vgl. Schneeberger, A.: Qualifiziert für die Wissens- und Dienstleistungsgesellschaft, 2006, S. 8 ff.
[5] Vgl. Mitteilung der Kommission der Europäischen Gemeinschaften KOM (2008) 868 endgültig vom 16.12.2008.
[6] Vgl. IAA – Internationale Arbeitskonferenz: Bericht V, Qualifikationen für mehr Produktivität, Beschäftigungswachstum und Entwicklung, S. 2.

schäftigten durch die Zunahme komplexer, problemlösungsorientierter Tätigkeiten steigt.[7] „Berufliche Fitness" der Arbeitnehmer – also das Vorhandensein von aktuellem Fachwissen und die Fähigkeit, im Kontext zu agieren – stellt eine grundlegende Anforderung an den immer schneller werdenden technischen Fortschritt  dar und erfordert neue Kompetenzen. Nachfolgende Abbildung verdeutlicht in Auszügen die Komplexität der Thematik, auf deren einzelne Aspekte in der späteren Untersuchung eingegangen wird.

**Abb. 1: Der Wandel von Arbeit und die Auswirkungen auf Kompetenzen**

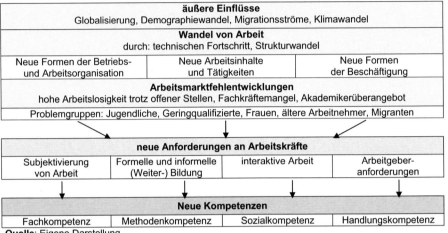

| **äußere Einflüsse**<br>Globalisierung, Demographiewandel, Migrationsströme, Klimawandel | | |
|---|---|---|
| **Wandel von Arbeit**<br>durch: technischen Fortschritt, Strukturwandel | | |
| Neue Formen der Betriebs-<br>und Arbeitsorganisation | Neue Arbeitsinhalte<br>und Tätigkeiten | Neue Formen<br>der Beschäftigung |
| **Arbeitsmarktfehlentwicklungen**<br>hohe Arbeitslosigkeit trotz offener Stellen, Fachkräftemangel, Akademikerüberangebot | | |
| Problemgruppen: Jugendliche, Geringqualifizierte, Frauen, ältere Arbeitnehmer, Migranten | | |

| **neue Anforderungen an Arbeitskräfte** | | | |
|---|---|---|---|
| Subjektivierung<br>von Arbeit | Formelle und informelle<br>(Weiter-) Bildung | interaktive Arbeit | Arbeitgeber-<br>anforderungen |

| **Neue Kompetenzen** | | | |
|---|---|---|---|
| Fachkompetenz | Methodenkompetenz | Sozialkompetenz | Handlungskompetenz |

**Quelle:** Eigene Darstellung

Eine Anpassung von Bildung und praktischem Können der Arbeitskräfte an benötigte Tätigkeiten sowie die Entwicklung der Qualität von Humankapital erscheinen erforderlich, um Arbeitsmarktfehlentwicklungen entgegen zu wirken. Eine Herausforderung liegt hierbei in der stärkeren Fokussierung auf soziale Kompetenzen.

Der Erwerb neuer Kompetenzen kann durch drei Akteure beeinflusst werden: den Arbeitnehmer (durch lebenslanges Lernen, Fort- und Weiterbildung), den Staat (durch gezielte Arbeitsmarkt- und Bildungspolitik) und den Arbeitgeber (durch vorausschauende Investitionen in das Humankapital). Die Erhaltung der Beschäftigungsfähigkeit (Schlagwort: Employability), die Verbindung von formellem mit informellem Lernen sowie die Anpassung und Verbesserung von Kompetenzen stellen eine Herausforderung für jedes staatliche Handeln und gleichzeitig eine Perspektive für die Wettbewerbsfähigkeit von Unternehmen dar.

## 1.2 Problemstellung und Vorgehensweise

Die Zunahme des qualifizierten Dienstleistungssektors und der technologieintensiven Produktionsbereiche (sektoraler Strukturwandel) wird von Verschiebungen des Tätigkeitsprofils der nachgefragten Arbeitskräfte und gestiegenen Qualifikationsanforderungen in allen Branchen begleitet. Wenn Bildungssysteme und Maßnahmen der Arbeitpolitik nicht auf den Qualifikationsbedarf ausgerichtet sind, können Arbeitsmarktfehlentwicklungen entstehen.

---

[7] Vgl. IBA: Auswirkungen des demographischen Wandels auf den Arbeitsmarkt der Großregion, 2006, S. 66 ff.

Durch die gezielte Qualifizierung von Arbeitskräften für auf dem Arbeitsmarkt benötigte Kompetenzen und eine verbesserte Anpassung beruflicher Fertigkeiten an das Arbeitsplatzangebot, könnte eine bessere Beschäftigungsmöglichkeit erreicht werden. Die Erforschung dieses Bereichs sowie eine detaillierte Betrachtung des zukünftigen Arbeitsmarktes und voraussichtlicher Berufsbildungsentwicklungen anhand methodischer Prognoseverfahren erscheinen zunehmend erforderlich und für gezielte politische Maßnahmen unerlässlich.

Vor diesem Hintergrund soll mit der vorliegenden Studie untersucht werden, wie in Deutschland und Großbritannien Arbeitsmarktentwicklungen vorausgesagt werden können, wie durch die Anpassung der Qualifikation der Arbeitskräfte an die Arbeitsmarktnachfrage Fehlentwicklungen entgegengesteuert werden kann und welche Kompetenzen und Schlüsselqualifikationen zukünftig erforderlich sind. Dies kann nicht allein durch die Auswertung einschlägiger Forschungsergebnisse beantwortet werden, sondern muss im Gesamtkontext der jeweiligen Bildungs- und Arbeitsmarktsituation sowie unter Berücksichtigung der durch die EU ergriffenen Maßnahmen betrachtet werden. In der vergleichenden Länderanalyse soll die Auseinandersetzung dieser Ausgangsproblematik anhand einer Untersuchung und Beantwortung folgender Fragen erfolgen:

1. Wie ist die derzeitige Bildungs- und Arbeitsmarktsituation in Deutschland und Großbritannien und welche Fehlentwicklungen können erkannt werden?
2. Wie führen die Länder Qualifikationsvorhersagen durch, um den zukünftigen Bedarf zu erkennen, und wo besteht noch Handlungsbedarf?
3. Welche Forschungsergebnisse bezüglich zukünftig erforderlicher beruflicher Kompetenzen und Qualifikationen liegen für Deutschland und Großbritannien vor?
4. Wie kann der Staat die Prognoseergebnisse nutzen, um Bildungs- und Arbeitsmarktmaßnahmen effektiv umzusetzen, und welche Konsequenzen haben diese Ergebnisse für politisches Handeln?

Die Untersuchung analysiert auf theoretischer Ebene den Wandel von Qualifikationsanforderungen und untersucht den Entwicklungsstand der letzten Jahre. Sie beruht im Wesentlichen auf einer Dokumenten- und Literaturanalyse. Das herangezogene Forschungsmaterial besteht je nach Fokus der Fragestellung größtenteils aus vorhandenen Untersuchungen der EU und der OECD, nationalstaatlichen Studien sowie Analysen externer Akteure im Bereich der Beschäftigungs- und Bildungspolitik.

Zunächst erfolgt in Kapitel 1.4 eine Präzisierung und begriffliche Abgrenzung der in diesem Buch verwendeten Begriffe. Das zweite Kapitel stellt die thematisch relevanten Initiativen der EU in diesem Bereich vor, um die anschließende Auseinandersetzung mit den nationalen Arbeitsmarkt- und Bildungsinitiativen sowie bisherigen Vorhersagemethoden in den europäischen Kontext einordnen zu können. In Kapitel 3 werden die aktuellen Qualifikationserfordernisse in Deutschland (D) und Großbritannien (GB) unter Auswertung der nationalen Bildungs- und Arbeitsmarktsituation analysiert. Das vierte Kapitel erläutert und bewertet die angewandten Prognosemethoden. Danach werden in Kapitel 5 der vorgestellten Forschungsergebnisse bezüglich des notwendigen Qualifikationsbedarfs untersucht.
Es erfolgt anschließend eine kritische Auseinandersetzung mit der Frage, wie der Staat – als einer der Akteure zur Förderung der Ressource Humankapital – durch gezielte Maßnahmen der Bildungs- und Arbeitsmarktpolitik auf veränderte Qualifikationserfordernisse reagieren

kann oder schon reagiert hat (Kapitel 6). Dazu wird explizit die jeweilige Situation der zu vergleichenden Länder betrachtet. Die Akteure Individuum und Wirtschaft sollen aufgrund der komplexen Thematik in dieser Untersuchung weitgehend unberücksichtigt bleiben.

Nach jedem Kapitel werden die Ergebnisse bewertet, um im abschließenden siebten Kapitel ein Fazit der vergleichenden Analyse zu ziehen sowie einen Ausblick auf zukünftige Entwicklungen und erforderliche Maßnahmen zu bieten. Der Fokus des Buches wird dabei auf die für die Thematik besonders relevanten Faktoren und zentralen Aspekte gelegt, um staatliche Aktivitäten und Maßnahmen untersuchen zu können.

## 1.3 Länderauswahl

Der anhaltende regionale Strukturwandel hat die Kompetenzen und Fertigkeiten sowie die Infrastruktur einiger Regionen verändert. Als strukturschwach innerhalb des Gebietes der EU gelten unter anderem, bedingt durch den politischen Wandel, die Regionen in Ostdeutschland, sowie durch veraltete Industriezweige und eine geringe Wirtschaftskraft der Norden Großbritanniens.[8]

Die herangezogenen Staaten Deutschland und Großbritannien unterscheiden sich in ihren Rechts- und Wohlfahrtssystemen: Während Deutschland ein Vertreter des römisch-germanischen Rechtssystems (gekennzeichnet durch geschriebene gesetzliche Grundlagen)[9] und des kontinental-europäischen Wohlfahrtssystems[10] mit koordinierter, sozialer Marktwirtschaft ist, vertritt Großbritannien das anglo-irische System des ungeschriebenen Rechts und des angelsächsischen Wohlfahrtssystems mit liberaler, deregulierter Marktwirtschaft.[11] Deutschland ist ein föderalistischer Staat, der aus 16 Bundesländern besteht. Großbritannien umfasst die Nationen England, Schottland und Wales, die beiden letztgenannten haben eigene Landesregierungen, und bildet mit Nordirland das Vereinigte Königreich.[12]

Beide Staaten sind Mitglieder der EU und der OECD und werden von letzterer als Staaten mit hohem Einkommen eingestuft.[13] Deutschland ist eine Industrienation, bekannt für technisches Know-how und hochqualifizierte Arbeitskräfte, insbesondere Ingenieure. Großbritannien dagegen ist eine Handelsnation und Sitz vieler Finanzdienstleister.[14]

Im Bereich der Arbeitsmarktpolitik haben sich Deutschland und Großbritannien spezifische Wege gesucht, um sich an die Herausforderungen einer angemessenen Qualifikation der Arbeitskräfte anzupassen. Es sind unterschiedliche Trends in der Fähigkeit der Systeme in beiden Ländern zur Bewältigung der Defizite ersichtlich. Insbesondere ab Mitte der 90er Jah-

---

[8] Vgl. Dispan, J.: Strukturwandel und regionale Kooperation. Arbeitsorientierte Strukturpolitik in der Region Stuttgart, 2002, S. 15ff.
[9] Vgl. Bundesministerium für Arbeit und Soziales (BMAS): Sozial-Kompass Europa, 2006, S. 286.
[10] Unterscheidung gem. Esping-Andersen nach dem Dekommodifizierungsgrad, vgl. Esping-Andersen, G.: The Three Worlds of Welfare Capitalism, 1990, S. 19 ff.
[11] Vgl. Mayer, K. U./ Solga, H.: Skill Formation, Interdisciplinary and cross-national perspectives, 2008, S. 52.
[12] Vgl. Sturm, R.: Vier Nationen im United Kingdom, in: Kastendiek, H./ Sturm, R.(Hrsg.): Länderbericht Großbritannien, 2006, S. 53.
[13] Vgl. Internationales Arbeitsamt Genf (IAA), Internationale Arbeitskonferenz: Bericht V, 97. Tagung 2008, S. 60.
[14] Vgl. Busch, A.: Großbritannien in der Weltwirtschaft, in: Kastendiek, H./ Sturm, R.(Hrsg.): Länderbericht Großbritannien, 2006, S. 410.

re gab es in beiden Staaten umfassende Reformmaßnahmen.[15] Die jüngsten Entwicklungen in den Ländern können als inkrementelle[16] Neuerungen beschrieben werden. Dabei sind langfristige Veränderungen in den historisch gewachsenen Bildungs- und Arbeitsmarktsystemen beider Länder erkennbar.

Im Rahmen der Vorbereitung der EU-Initiative „Neue Kompetenzen für neue Beschäftigungen" in verschiedenen Arbeitskreisen auf EU-Ebene nahm insbesondere Großbritannien, aber auch Deutschland eine Vorreiterrolle ein.[17] Großbritannien hat in den letzten Jahren eine Vielzahl von Arbeitsmarktreformen und umfangreiche Studien zum Thema der erforderlichen „new skills" durchgeführt. Der deutsche Arbeitsmarkt wurde ebenfalls durch umfangreiche Änderungen und eine aktivierende Arbeitsmarktpolitik reformiert. Auch hier wurden Forschungen über die Wirkung arbeitsmarktpolitischer Maßnahmen durch Investitionen in Humankapital und erforderliche berufliche Kompetenzen durchgeführt, um herauszufinden, wie man Fachkräftemangel und Arbeitsmarktfehlentwicklungen (Mismatch) entgegenwirken kann.[18]

Aufgrund dieser Faktoren scheint ein Vergleich der beiden Länder, ihrer bisherigen Maßnahmen und Forschungsergebnisse für die Fragestellung der Studie gewinnbringend.

## 1.4 Begriffliche Abgrenzung

### 1.4.1 Arbeitsmarkt- und Beschäftigungspolitik

Der Bereich der Wirtschaftspolitik, der sich mit den Besonderheiten des Arbeitsmarktes beschäftigt, nennt sich Arbeitsmarkt- oder Beschäftigungspolitik. Die Definition für Arbeitsmarktpolitik in der deutschen Arbeitsökonomie ist die Summe der politischen Maßnahmen zur sozialen Abfederung bei Arbeitslosigkeit sowie aller Maßnahmen der aktiven Arbeitsmarktpolitik, die auf eine möglichst schnelle Wiedereingliederung der Arbeitslosen in den Arbeitsmarkt abzielen.[19] Dies umfasst sowohl die Zielsetzung, als auch passive und aktive Maßnahmen zur Zielerreichung. Während sich die passive Politik auf eine Minderung der finanziellen Auswirkungen für den Arbeitslosen durch verschiedene Transferleistungen beschränkt, zielt die aktive Politik auf eine schnelle Wiedereingliederung bzw. auf eine Prävention der Arbeitslosigkeit durch verschiedene Instrumente, wie beispielsweise staatliche Weiterbildungs- und Beschäftigungsmaßnahmen, ab.[20]

Durch eine Weiterbildung werden berufliche Qualifikationen erneuert und erweitert und dies ist damit eine wichtige Form des lebenslangen Lernens. Der Begriff wird nachfolgend synonym mit dem Fortbildungsbegriff der Berufsbildung benutzt, im Sinne der Erhaltung, Anpassung und Erweiterung beruflicher Handlungsfähigkeit.[21]

---

[15] Vgl. Mayer, K. U./ Solga, H.: Skill Formation, Interdisciplinary and cross-national perspectives, 2008, S. 51.
[16] Inkrementell i.S. eines Prozesses der kontinuierlichen Verbesserung in kleinen Schritten.
[17] Diese Angabe beruht auf vielfachen Aussagen der Europavertretung der Bundesagentur für Arbeit in Brüssel, die im Entwicklungsprozess der Initiative „New Skills for New Jobs" intensiv mit den britischen Kollegen in Arbeitskreisen für die Europäische Kommission zusammengearbeitet hat.
[18] Vgl. Hilbert, C./ Mytzek, R.: Strategische und methodische Ansatzpunkte zur Ermittlung des regionalen Qualifikationsbedarfs, Diskussionspapier, 2002, S. 1. Die Mismatch Problematik wird in Kapitel 4.1 näher definiert.
[19] Vgl. May, H.: Handbuch zur ökonomischen Bildung, 2008, S. 431.
[20] Vgl. May, H.: Handbuch zur ökonomischen Bildung, 2008, S. 211.
[21] Vgl. § 1 Abs. 4 Berufsbildungsgesetz (BBiG), Bundesministerium der Justiz, Gesetze/ Verordnungen, Berufsbildungsgesetz: http://www.gesetze-im-internet.de/bbig_2005/index.html, letzter Zugriff am 17.06.2009.

Die deutsche Definition des Begriffes Beschäftigungspolitik ist weiter gefasst als die der Arbeitsmarktpolitik und beinhaltet die Summe aller Handlungen und Maßnahmen in den Politikbereichen Wirtschafts-, Struktur-, Bildungs- und Regionalpolitik zur Erreichung der Vollbeschäftigung.[22] Es ist dabei eine deutsche Besonderheit, dass zwischen Arbeitsmarkt- und Beschäftigungspolitik differenziert wird. Im restlichen Europa (auch in Großbritannien) wird keine Unterscheidung zwischen diesen Begriffen vorgenommen. Zur besseren Vergleichbarkeit werden daher in den folgenden Darlegungen die Begriffe Beschäftigungspolitik und Arbeitsmarktpolitik synonym verwendet.

Unter dem Begriff Geringqualifizierte werden in diesem Buch Erwerbstätige ohne abgeschlossene schulische oder berufliche Ausbildung verstanden[23] bzw. Arbeitskräfte, die aufgrund ihrer Vorbildung nur einfache Tätigkeiten ausführen können.

### 1.4.2 Qualifikationen, Skills, Kompetenzen, berufliche Handlungskompetenz

Um zukünftige Kompetenzen und erforderliche Qualifikationen prognostizieren zu können, ist eine genaue Bestimmung dieser Begriffe erforderlich. Da es in der einschlägigen Fachliteratur eine umfangreiche Thematisierung der begrifflichen Differenzierung gibt, soll an dieser Stelle etwas ausführlicher auf die Definitionen eingegangen werden. Es wird häufig gleichwertig von Fähigkeiten, Fertigkeiten, Qualifikationen, Kompetenzen oder Kenntnissen gesprochen. Es bleibt unklar, was mit den jeweiligen Bezeichnungen gemeint ist. Der im Englischen verwendete Begriff „skills" kann mit all diesen Worten übersetzt werden. Eine sprachliche Präzisierung der verschiedenen Formulierungen soll daher nachfolgend thematisiert werden.

*Qualifikationen*
Qualifikation bezeichnet die Eignung, Befähigung oder den Ausbildungsgrad einer Person und stellt – im Gegensatz zur Allgemeinbildung – die berufliche oder berufsbezogene Bildung dar.
Der Begriff kann in die formelle Qualifikation (i.S. eines Befähigungsnachweises) und in die Anforderungen der Arbeitsstelle (i.S.d. Kenntnisse, Eignung und Fähigkeiten) unterteilt werden.[24] Fertigkeiten und Kenntnisse zur Wahrnehmung der mit einer Arbeitsposition verbundenen Anforderungen sind Teilaspekte von Qualifikation. Man spricht hierbei auch von einem tätigkeitsbezogenen Qualifikationsbegriff.[25]

*Skills*
Der Begriff „skills" bezieht sich auf die Begriffe Kompetenz, Qualifikation, Wissen und Fähigkeit. Er wird durch das Europäische Zentrum für die Förderung der Berufsbildung (Cedefop) als spezifische bzw. berufliche Fähigkeiten und/oder Fach-/ Sachkenntnisse definiert, um berufliche Aufgaben oder Probleme zu lösen.[26]

---

[22] Vgl. May, H.: Handbuch zur ökonomischen Bildung, 2008, S. 183.
[23] Vgl. Eichhorst, W./ Thode, E: Jüngere Arbeitsmarktentwicklungen – Benchmarking Deutschland Aktuell, 2003, S. 34 ff.
[24] Vgl. Cedefop: Terminology of European education and training policy, 2008, S. 71.
[25] Vgl. Heidenreich, M.: Arbeitsorganisation und Qualifikation, 1997, S. 1.
[26] Vgl. Cedefop: Terminology of European education and training policy, 2008, S. 164.

## Kompetenzen

Die Fähigkeit und der Sachverstand eines Einzelnen werden als Kompetenzen verstanden. Kompetenzen und Handlungsmöglichkeiten sind Qualifikationen, über die eine Erwerbsperson tatsächlich verfügt (personenbezogener Qualifikationsbegriff).[27] Diese beinhalten sowohl schulische und betriebliche Kenntnisse als auch formale Abschlüsse und sogenannte „tacit skills".[28] Kompetenz als weiterentwickelter Qualifikationsbegriff ist demnach die Fähigkeit zu selbstgesteuertem und selbstorganisiertem Handeln in Verbindung mit praktischen Anforderungen, also die angemessene Anwendung von Lernergebnissen in einem bestimmten Zusammenhang (Arbeit, Bildung, Beruf). Kompetenz beinhaltet kognitive, funktionale und zwischenmenschliche Eigenschaften.[29]

Der Kompetenzerwerb erfolgt heutzutage nicht nur durch organisierte Ausbildung, sondern auch durch selbstorganisiertes oder informelles Lernen sowie Lernen in der Praxis. Soziale Kompetenzen – sogenannte soft skills – wie Kommunikationsfähigkeit, Konfliktmanagement oder emotionale Stabilität sind ebenfalls ein Teilbereich des Begriffes.

2004 beschlossen die europäischen Bildungsminister die Entwicklung eines Europäischen Qualifikationsrahmens (EQR), um nationale Qualifikationssysteme innerhalb der EU vergleichbar und transparenter zu machen. Lernergebnisse werden hierbei als Kenntnisse, Fertigkeiten und Kompetenzen definiert. Im Rahmen des EQR-Entwicklungsprozesses hat die Kommission 2006 die Begriffe wie folgt festgelegt:

„*Kenntnisse*: das Ergebnis der Verarbeitung von Informationen durch Lernen. Kenntnisse bezeichnen die Gesamtheit der Fakten, Grundsätze, Theorien und Praxis in einem Lern- oder Arbeitsbereich. [...]
*Fertigkeiten*: die Fähigkeit, Kenntnisse anzuwenden und Know-how einzusetzen, um Aufgaben auszuführen und Probleme zu lösen. [...]
*Kompetenz*: die nachgewiesene Fähigkeit, Kenntnisse, Fertigkeiten sowie persönliche, soziale und/oder methodische Fähigkeiten in Arbeits- oder Lernsituationen und für die berufliche und/oder persönliche Entwicklung zu nutzen. [...]".[30]

Kenntnisse werden demnach als Theorie- und Fachwissen konkretisiert. Fertigkeiten beziehen sich kognitiv auf Denkprozesse und praktisch auf äußere Anwendungen und Tätigkeiten. Kompetenz wird als Übernahme von Verantwortung oder Selbständigkeit verstanden.[31] Der EQR beinhaltet daher eine Skalierung nach dem Grad des Wissensniveaus, der Problemorientierung, der Selbständigkeit und Verantwortung.[32]

Der Rat und das Europäische Parlament (EP) haben am 18. Dezember 2006 einen Europäischen Rahmen mit *Schlüsselkompetenzen* für das lebenslange Lernen angenommen[33] und diese als fachübergreifende, soziale und kommunikative Qualifikationen interpretiert.[34] In

---

[27] Vgl. Heidenreich, M.: Arbeitsorganisation und Qualifikation, 1997, S. 1.
[28] Tacit skills entsprechen der Arbeitskompetenz als komplex vernetzter Bildung, bezogen auf die jeweilige Persönlichkeit (Know how, Fingerspitzengefühl, technische Sensibilität).
[29] Vgl. Cedefop: Terminology of European education and training policy, 2008, S. 48.
[30] Vorschlag der Kommission der Europäischen Gemeinschaften KOM(2006) 479 endgültig, 2006, S. 18.
[31] Vgl. Sloane, P.: Zu den Grundlagen eines Deutschen Qualifikationsrahmens (DQR), 2008, S. 45 ff.
[32] Vgl. Empfehlung des Europäischen Parlaments und des Rates vom 23. April 2008 zur Einrichtung des Europäischen Qualifikationsrahmens für lebenslanges Lernen, ABl. C 111 vom 6.5.2008, S. 1-7.
[33] Vgl. Empfehlung des Europäischen Parlaments und des Rates vom 18. Dezember 2006 zu Schlüsselkompetenzen für lebensbegleitendes Lernen. ABl. L 394 vom 30.12.2006, S. 10-18.
[34] Vgl. Sevsay Tegethoff, N.: Ein anderer Blick auf Kompetenzen, 2004, S. 27 ff.

diesem Rahmen werden zum ersten Mal auf EU-Ebene Schlüsselkompetenzen als Kombination aus Wissen, Fähigkeiten und Einstellungen definiert.[35] Alle Kompetenzen werden als gleich bedeutend und ineinandergreifend betrachtet. Es werden hierbei verschiedene Kenntnisse und Fähigkeiten den Schlüsselkompetenzen zugeordnet. Diese werden begrifflich nicht differenziert betrachtet.

Die Organisation für wirtschaftliche Zusammenarbeit und Entwicklung (OECD) definiert in ihren Studien Kompetenz als die „Fähigkeit der Bewältigung komplexer Anforderungen, indem in einem bestimmten Kontext psychosoziale Ressourcen (einschließlich kognitive Fähigkeiten, Einstellungen und Verhaltensweisen) herangezogen und eingesetzt werden".[36] Kompetenz ist demnach mehr als nur Wissen und kognitive Fähigkeiten, sondern die Fähigkeit der Bewältigung komplexer Anforderungen.[37]

Das Internationale Arbeitsamt Genf (IAA) unterscheidet bei der Erläuterung beruflicher, fachlicher und unternehmerischer Kompetenz die sechs Kernqualifikationen Sozialkompetenz, Kommunikation, technische und berufliche Kenntnisse, kognitive Problemlösungsfähigkeit, Lernen sowie persönliches Verhalten. Nachfolgende Abbildung erläutert dies anhand einer grafischen Darstellung.

---

[35] Vgl. Empfehlung des Europäischen Parlaments und des Rates vom 18. Dezember 2006 zu Schlüsselkompetenzen für lebensbegleitendes Lernen. ABl. L 394 vom 30.12.2006, S. 10-18.
[36] OECD: Definition und Auswahl von Schlüsselkompetenzen - Zusammenfassung, 2005, S. 6.
[37] Vgl. OECD: Definition und Auswahl von Schlüsselkompetenzen - Zusammenfassung, 2005, S. 5 ff.

**Abb. 2: Kernqualifikationen und technische Qualifikationen – Definition beruflicher und fachlicher Kompetenzen**

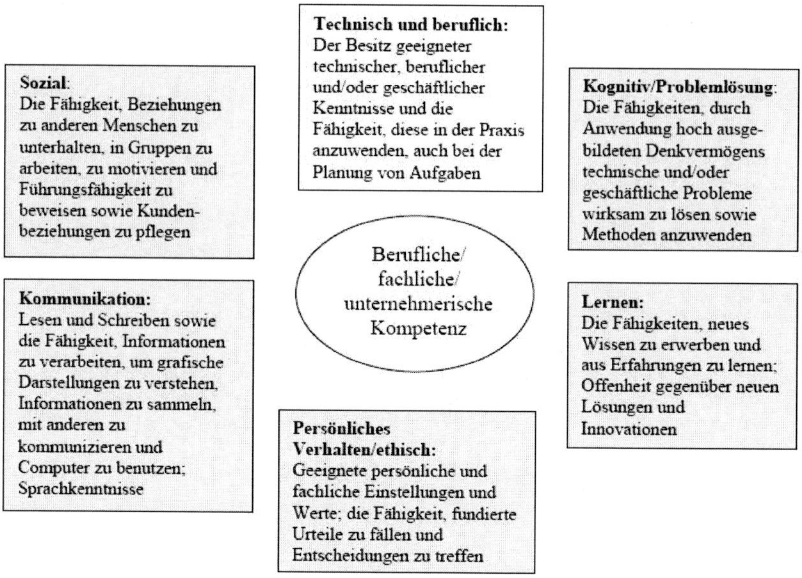

**Technisch und beruflich:**
Der Besitz geeigneter technischer, beruflicher und/oder geschäftlicher Kenntnisse und die Fähigkeit, diese in der Praxis anzuwenden, auch bei der Planung von Aufgaben

**Sozial:**
Die Fähigkeit, Beziehungen zu anderen Menschen zu unterhalten, in Gruppen zu arbeiten, zu motivieren und Führungsfähigkeit zu beweisen sowie Kundenbeziehungen zu pflegen

**Kognitiv/Problemlösung:**
Die Fähigkeiten, durch Anwendung hoch ausgebildeten Denkvermögens technische und/oder geschäftliche Probleme wirksam zu lösen sowie Methoden anzuwenden

**Kommunikation:**
Lesen und Schreiben sowie die Fähigkeit, Informationen zu verarbeiten, um grafische Darstellungen zu verstehen, Informationen zu sammeln, mit anderen zu kommunizieren und Computer zu benutzen; Sprachkenntnisse

Berufliche/ fachliche/ unternehmerische Kompetenz

**Lernen:**
Die Fähigkeiten, neues Wissen zu erwerben und aus Erfahrungen zu lernen; Offenheit gegenüber neuen Lösungen und Innovationen

**Persönliches Verhalten/ethisch:**
Geeignete persönliche und fachliche Einstellungen und Werte; die Fähigkeit, fundierte Urteile zu fällen und Entscheidungen zu treffen

Legende:

☐ berufliche/ technische Qualifikation

▨ Kernqualifikationen

**Quelle:** Internationales Arbeitsamt Genf, Internationale Arbeitskonferenz: Bericht V, 97. Tagung 2008, S. 14.

## Berufliche Handlungskompetenz

In der Berufsbildungsliteratur wird häufig der Begriff „berufliche Handlungskompetenz" verwendet. Diese ist ein zentrales Charaktermerkmal des selbständigen Menschen, insbesondere für ein erfolgreiches, zielgerichtetes Arbeiten, und kann als die „Fähigkeit zum Umgang mit Arbeitssituationen, Arbeitsbedingungen und Arbeitsanforderungen"[38] verstanden werden. Nachfolgende Abbildung verdeutlicht die Unterscheidung des Terminus in die Aspekte Fach-, Sozial- und Personalkompetenz.

---

[38] Petersen, W.: Berufliche Fähigkeiten – Social Skills, 2006, S. 114.

**Abb. 3: Berufliche Handlungskompetenz**

| Fachkompetenz<br>*Sachkompetenz* | Sozialkompetenz (soft skills)<br>*Sozial-kommunikative<br>Kompetenz* | Personalkompetenz<br>*Personale Selbstkompetenz/<br>Methodenkompetenz* |
|---|---|---|
| Fachliches Wissen und Können | Sprachliche Ausdrucksfähigkeit, soziale Verantwortung | Persönliches Erfahrungswissen<br>Persönliche Fähigkeiten im Umgang mit Wissen |
| Logik und Basiswissen | Eigene Motivation zu Kommunikation und Auseinandersetzung mit anderen | Werthaltungen, Ideale |
| Organisations- u. arbeitsplatzspezifische berufliche Fertigkeiten u. Fähigkeiten | Fähigkeit in einer Gemeinschaft zu lernen, arbeiten und leben | Organisationsfähigkeiten |
| Problemlösungsfähigkeit | Kritik- und Konfliktfähigkeit | Verantwortungsfähigkeit |
| Sachgerechte, zielorientierte u. selbständige Bearbeitung von Aufgabenstellungen | Status- und Rollenverteilung in einer Organisation wahrnehmen und einordnen | Verständnis für komplexe Projektzusammenhänge |
| Situationsübergreifende und flexibel kognitive Fähigkeiten | Respekt für Werthaltung anderer | Lern- und Leistungsbereitschaft |

**Quelle**: Sevsay Tegethoff, N.: Ein anderer Blick auf Kompetenzen, 2004, sowie eigene Ergänzungen.

Es sei angemerkt, dass Handlungskompetenz in verschiedenen Modellen unterschiedlich differenziert wird und es teilweise zu Überschneidungen der Begrifflichkeiten kommt. In dem hier dargestellten Modell ist *Fachkompetenz* als die zur Bewältigung von Aufgaben einer beruflichen Tätigkeit erforderlichen Kenntnisse, Fertigkeiten und Fähigkeiten zu verstehen. *Sozialkompetenz* umfasst kommunikative Fähigkeiten zur Realisierung von Zielen in sozialen Interaktionssituationen. *Personalkompetenz* bezieht sich auf kognitive, selbständige Verhaltensweisen zur Problemlösung komplexer und neuartiger Aufgaben.[39]

Berufliche Handlungskompetenz ist demnach die Fähigkeit des Einzelnen, sich in beruflichen und gesellschaftlichen Situationen sachgerecht und durchdacht sowie individuell und sozial verantwortlich zu verhalten.[40]

### *Zwischenfazit*

Zusammenfassend ist festzustellen, dass der Sprachgebrauch sehr implizit ist und die genaue Bedeutung der jeweiligen Begriffsbenutzung häufig offen bleibt. Es sind zahlreiche Unterschiede und Überschneidungen i
n Definition und Verständnis der Begriffe vorhanden. Abbildung 4 fasst die genannten Begrifflichkeiten in ihrer Zuordnung zu den Termini Qualifikation, Skills und Kompetenz zusammen.

---

[39] Vgl. Petersen, W.: Berufliche Fähigkeiten – Social Skills, 2006, S. 115.
[40] Vgl. Kultusministerkonferenz: Aktuelle Forschungsinteressen der Länder im Rahmen der Gemeinschaftsaufgabe von Bund und Ländern gemäß Art. 91 b Abs. 2 GG, 13.11.2007, S. 11 ff.

**Abb. 4: Übersicht der Begrifflichkeiten**

| Qualifikation | = berufliche Bildung, Eignung, Befähigung, Ausbildungsgrad, Kenntnisnachweis, Berufszugangsanforderungen | |
|---|---|---|
| | *Teilaspekte*: Fertigkeiten, Kenntnisse | → tätigkeitsbezogener Qualifikationsbegriff |

| Skills | = erworbene Fach-/ Sachkenntnisse, berufliche Erfahrungen und Fertigkeiten sowie die Fähigkeit zur Ausführung bestimmter (beruflicher) Tätigkeiten[41] | |
|---|---|---|
| | *Teilaspekte*: Kompetenz, Qualifikation, Wissen, Kenntnisse, Fertigkeiten, Fähigkeiten | → formaler oder informeller Erwerb aus allgemeiner und beruflicher Bildung/ Erfahrung |

| Kompetenz | = Fähigkeit und Sachverstand zur Bewältigung komplexer Anforderungen (vgl. OECD) | |
|---|---|---|
| | *Teilaspekte*: a) Berufliche Kompetenz (vgl. EQR)   - Fertigkeit (Können)   - Fähigkeit (körperliche Voraussetzungen)   - Kenntnisse (Wissen) b) Schlüsselkompetenzen (vgl. Rahmen für lebensbegleitendes Lernen) c) Kernqualifikationen und technische Qualifikationen (vgl. IAA) d) berufliche Handlungskompetenz (Fach-, Sozial-, Personalkompetenz) e) Formale und nicht-formale Qualifikation | → personenbezogener, weiterentwickelter Qualifikationsbegriff |

**Quelle**: Eigene Darstellung

Kompetenz beinhaltet auch Qualifikation. Die Begriffe stellen keine Alternative oder Gegensätze dar und sind daher nur schwer klar abzugrenzen. Die Definition von Kompetenz der OECD kommt dem deutschen Verständnis von beruflicher Handlungskompetenz nahe. Kenntnisse, Fähigkeiten und Fertigkeiten können als Subkategorien von Kompetenzen verstanden und Qualifikationen als Bündel von Kompetenzen begriffen werden.

In nachfolgender Untersuchung sind *Skills* i.S.v. Kompetenzen und Qualifikationen als die für die Ausübung einer Erwerbstätigkeit erforderlichen Fähigkeiten, Fertigkeiten und Kenntnisse zu verstehen.
Der Begriff *Kompetenz* umfasst personale, sozial-kommunikative und handlungsbezogene Fertigkeiten, Fähigkeiten und Kenntnisse eines jeden Individuums zur Bewältigung beruflicher Anforderungen.
*Soft skills* werden mit Sozialkompetenz gleichgesetzt und beinhalten die bereits genannten Faktoren Konflikt-, Kritik-, Team- oder Kommunikationsfähigkeit.
*Qualifikation* ist die Anforderung, welcher der Einzelne als Berufszugangsvoraussetzung genügen muss. Der Qualifikationsbegriff umfasst dabei sowohl den Stand der erworbenen Kenntnisse als auch die ständige Weiterentwicklung der individuellen Kompetenzen bezüglich berufsbezogener Bildung (im Sinne von lebenslangem Lernen).

---

[41] Cedefop: Ermittlung künftiger Qualifikationserfordernisse, 2005, S. 267.

## 2 Initiativen der Europäischen Union zur Anpassung der Qualifikationserfordernisse

### 2.1 Maßnahmen der Europäischen Union im Bildungsbereich

Auf Ebene der EU wurden eine Vielzahl von Mitteilungen, Rechtsvorschriften und Empfehlungen zu einer besseren Gestaltung der Bildungspolitik und Anpassung der europäischen Arbeits- und Beschäftigungsmärkte verabschiedet. Exemplarisch sollen einige wichtige, neuere Initiativen und deren Ziele erläutert werden, um die Relevanz der EU-weiten Forschung im Bereich zukünftiger Qualifikationserfordernisse hervorzuheben und die vorliegende Untersuchung in den EU-Kontext einordnen zu können.

Seit Verabschiedung der Strategie von Lissabon im Jahre 2000 erfolgt eine Anpassung der allgemeinen und beruflichen Bildung innerhalb der Mitgliedstaaten der EU. Bereits durch den Bologna-Prozess sind verschiedene Änderungen auf der Hochschulebene eingeleitet worden, so die Einführung von Bachelor- und Masterstudiengängen. Der Rat der EU in Barcelona betonte 2002 die Wichtigkeit der Gewährleistung eines lebensbegleitenden Zuganges aller Bürger zu einer hochwertigen allgemeinen und beruflichen Bildung.[42] Die Mitgliedstaaten haben sich zu einer verstärkten Zusammenarbeit im Berufsbildungsbereich verpflichtet, um eine bessere Transparenz und Qualitätssicherung sowie eine Stärkung der europäischen Dimension der Berufsbildungssysteme zu erreichen.

Der stetige Anstieg der Qualifikationsanforderungen erfordert eine Bildungsstrategie, die Instrumente für lebensbegleitende Lernprozesse anbieten kann. Mit der Erklärung der europäischen Bildungsminister von Kopenhagen 2002 wurde ebenfalls das Ziel bekräftigt, im Bereich der beruflichen Bildung zusammenzuarbeiten. Gleichzeitig wurde die Entwicklung eines gemeinsamen Referenzrahmens beruflicher Qualifikationen beschlossen und eine bessere Vergleichbarkeit der Berufsbildungspolitik auf europäischer Ebene angestrebt.[43] Die Leitlinien für beschäftigungspolitische Maßnahmen der Mitgliedstaaten von 2005 betonen, wie wichtig es ist, Aus- und Weiterbildungssysteme auf neue Qualifikationsanforderungen auszurichten sowie Qualifikationsnachfragen besser zu antizipieren.[44] Die beschäftigungspolitischen Leitlinien von 2007 unterstreichen die Erfordernis einer verstärkten Qualifizierung sowie einer verbesserten Bildung und Anpassungsfähigkeit der Arbeitskräfte.[45]

Die Modernisierung der Berufsbildung wurde in den beschäftigungspolitischen Leitlinien 2005–2008 aufgenommen. Im Kommuniqué von Helsinki[46] wurden die Prioritäten von Maastricht[47] bestätigt, also die Weiterentwicklung der Instrumente (EQR, ECVET, Europass), die Stärkung des gegenseitigen Lernens sowie die Verbesserung der Berufsbildungsstatistik und

---

[42] Vgl. Cedefop: 2010 im Blickpunkt – Neubewertung der Berufsbildung, 2008, S. 7 ff.

[43] Vgl. Schröter, S.: Berufliche Weiterbildung in Großbritannien für gering qualifizierte Arbeitskräfte, 2003, S. 2.

[44] Vgl. Entscheidung des Rates vom 12. Juli 2005 über Leitlinien für beschäftigungspolitische Maßnahmen der Mitgliedstaaten, ABl. L 205 vom 6.8.2005, S. 21 – 27.

[45] Vgl. Entscheidung des Rates vom 10. Juli 2007 über Leitlinien für beschäftigungspolitische Maßnahmen der Mitgliedstaaten, ABl. L 183 vom 13.7.2007, S. 25 – 26.

[46] Vgl. Kommuniqué von Helsinki über die verstärkte europäische Zusammenarbeit in der Berufsbildung, 2006, S. 2 – 9.

[47] Vgl. Kommuniqué von Maastricht zu den künftigen Prioritäten der verstärkten Europäischen Zusammenarbeit in der Berufsbildung, 2004, S. 3 – 4.

frühzeitige Ermittlung nachgefragter Kompetenzen. Eine Übersicht über die Strategien und Ziele der EU bei der Anpassung der Berufsbildung ist im Anhang in Abbildung 11 zu finden.

Im Jahr 2005 machte die Kommission in einer Mitteilung zur Umstrukturierung und Beschäftigung darauf aufmerksam, dass eine Neubelebung der Lissabon-Strategie zur Schaffung von mehr und besseren Arbeitsplätzen und eine rasche Anpassung der Beschäftigten an die sich vollziehenden sozioökonomischen Veränderungen notwendig sei.[48] Insbesondere durch technologische Innovationen seien viele kreative und hochwertige Arbeitsplätze entstanden, die andere als die bisherigen Ausbildungsanforderungen stellen.

In dieser Mitteilung wird ausgeführt, dass die Umgestaltung der Produktionsstrukturen quantitativ zu einer Neuverteilung der Erwerbstätigen zwischen produzierendem Gewerbe und Dienstleistungen führt. Der Dienstleistungssektor erfährt einen Arbeitsplatzzuwachs, während es in Industrie und Landwirtschaft zu Arbeitsplatzverlusten kommt. Es ist ein Trend hin zu Arbeitsplätzen von höherer Qualität zu verzeichnen. Daher wird eine Verstärkung der aktiven Beschäftigungspolitik, die Antizipierung von Veränderungen und die Schaffung von Mechanismen gefordert, die einen Beschäftigungswechsel erleichtern. Werden Umstrukturierungen korrekt umgesetzt, stärkere Investitionen zugunsten des Humankapitals vorgenommen sowie die Anpassungsfähigkeit der Arbeitskräfte verbessert, stellt der Prozess einen wirtschaftlichen und sozialen Fortschritt dar.[49]

Wie in Kapitel 1.4 erläutert, beschlossen das EP und der Rat am 18. Dezember 2006 eine Empfehlung zu Schlüsselkompetenzen für lebensbegleitendes Lernen.[50] Damit soll es Arbeitnehmern ermöglicht werden, ihre Kompetenzen durch lebensbegleitende Lernangebote weiterzuentwickeln und zu aktualisieren. Die im europäischen Referenzrahmen definierten Kompetenzen sollen eine Grundlage für das lebenslange Lernen bilden und einen europaweiten Kontext für Berufsbildungsprogramme bieten.[51]

In einer Mitteilung der Kommission vom September 2007 wurde die Wichtigkeit von IKT-Kompetenzen als Komponente der erneuerten Lissabon-Strategie für Wachstum und Beschäftigung herausgestellt.[52] Die Kommission sieht hierbei in dem Bereich der Computerfähigkeiten („E-Skills") einen dringenden Handlungsbedarf, um den Anforderungen der Wirtschaft sowie der Beschäftigungsfähigkeit und den Entwicklungsmöglichkeiten der Arbeitnehmer gerecht zu werden. In der Mitteilung wird eine langfristige Strategie für IKT-Kompetenzen vorgestellt, deren Kernpunkte alle Mitgliedstaaten mit entsprechenden Maßnahmen umsetzen sollen.

Im Dezember 2007 unterstrich die Kommission in der Mitteilung „Strategiebericht zur erneuerten Lissabon-Strategie für Wachstum und Beschäftigung"[53] an den Europäischen Rat erneut die Bedeutung von Investitionen in lebenslange allgemeine und berufliche Bildung. Angesichts des Arbeitskräftemangels und der Qualifikationsdefizite wies sie auf die Notwendig-

[48] Vgl. Mitteilung der Kommission KOM(2005) 120 endgültig vom 31.3.2005.
[49] Vgl. Mitteilung der Kommission KOM(2005) 120 endgültig vom 31.3.2005, S. 4.
[50] Vgl. Empfehlung des Europäischen Parlaments und des Rates vom 18.12.2006 zu Schlüsselkompetenzen für lebensbegleitendes Lernen, ABl. L 394 vom 30.12.2006, S. 10-18.
[51] Vgl. KOM, GD Bildung und Kultur: Schlüsselkompetenzen für lebenslanges Lernen – Ein Europäischer Referenzrahmen, 2007, S. 1ff.
[52] Vgl. Mitteilung der Kommission KOM(2007) 496 endgültig vom 07.09.2007.
[53] Vgl. Mitteilung der Kommission an den Europäischen Rat KOM(2007) 803 endgültig Teil I vom 11.12.2007.

keit hin, den künftigen Bedarf an Kenntnissen und Fertigkeiten abzuschätzen. Der gemeinsame Beschäftigungsbericht 2007/2008 der Kommission und des Rates über Beschäftigung, Sozialpolitik, Gesundheit und Verbraucherschutz befasste sich mit den angestrebten Fortschritten zur Verwirklichung der Lissabon-Strategie für Wachstum und Beschäftigung. Er zielte auf die vorrangige Umsetzung von Maßnahmen ab, welche Investitionen in Humankapital durch eine Verbesserung von Bildung und Qualifizierung steigern.[54]

Im März 2008 betonte der Europäische Rat, dass Investitionen in Arbeitskräfte und die Modernisierung der Arbeitsmärkte vorrangige Ziele der Lissabon-Strategie sind. Die Kommission wurde aufgefordert, „eine umfassende Einschätzung der künftigen Qualifikationserfordernisse in Europa bis zum Jahr 2020 vorzunehmen und Maßnahmen zur frühzeitigen Erkennung des künftigen Bedarfs vorzuschlagen".[55] Diese Aufforderung wurde im Juni 2008 vom Rat der EU für Beschäftigung, Sozialpolitik, Gesundheit und Verbraucherschutz angenommen.[56]

Gleichzeitig wurden hierbei die Leitlinien für beschäftigungspolitische Maßnahmen der Mitgliedstaaten verabschiedet. Diese heben hervor, dass Jugendliche mit den erforderlichen Schlüsselkompetenzen ausgestattet werden müssen. Außerdem müsse „eine verbesserte Definition und größere Transparenz von Qualifikationen und Befähigungsnachweisen sowie deren Anerkennung und eine bessere Validierung des nichtformalen und des informellen Lernens auf neue berufliche Erfordernisse, Schlüsselkompetenzen und künftige Qualifikationsanforderungen"[57] erfolgen. Dies könne durch eine Ausrichtung der Maßnahmen der Aus- und Weiterbildungssysteme auf neue Qualifikationsanforderungen geleistet werden.

Die Anpassung der Aus- und Weiterbildungssysteme infolge des Bedarfs an IKT-Fertigkeiten sowie der lebenslange Zugang zu Lernmaßnahmen wurden im Oktober 2008 ebenfalls in der Empfehlung der Kommission zur aktiven Eingliederung der aus dem Arbeitsmarkt ausgegrenzten Personen hervorgehoben.[58] Mit dem Europäischen Konjunkturprogramm als Antwort auf die verschärfte Wirtschafts- und Finanzkrise im Herbst 2008 wurde als Teil der europäischen Initiative zur Beschäftigungsförderung die Verbesserung der „Abstimmung von Maßnahmen zur Entwicklung von Fähigkeiten und zur Qualifizierung mit den Anforderungen vorhandener und absehbarer offener Stellen"[59] gefordert.

Die Notwendigkeit der Vorhersage des Qualifikationsbedarfs ergibt sich zusätzlich aus Artikel 3 Absatz 1 Buchstabe a) der Verordnung über den Europäischen Sozialfond (ESF).[60] Hier wird Steigerung der Anpassungsfähigkeit der Arbeitnehmer und Bewältigung des wirtschaftlichen Wandels insbesondere durch lebensbegleitendes Lernen und verstärkte Investi-

---

[54] Vgl. Rat der EU: 2855. Tagung des Rates Beschäftigung, Sozialpolitik, Gesundheit und Verbraucherschutz, Mitteilung an die Presse C/08/46, 29. Februar 2008.
[55] Rat der EU, Entwurf von Schlussfolgerungen Nr. 10091/08: Antizipation und Erfüllung der Erfordernisse des Arbeitsmarkts mit besonderem Schwerpunkt auf jungen Menschen – eine Initiative für Beschäftigung und Qualifikation, vom 04.06.2008.
[56] Vgl. Rat der EU: 2876. Tagung des Rates Beschäftigung, Sozialpolitik, Gesundheit und Verbraucherschutz, Mitteilung an die Presse C/08/166, 9.-10. Juni 2008.
[57] Rat der EU: Entscheidung des Rates über Leitlinien für beschäftigungspolitische Maßnahmen der Mitgliedstaaten Nr. 10614/08 vom 30. Juni 2008.
[58] Vgl. Empfehlung der Kommission vom 3. Oktober 2008 zur aktiven Eingliederung der aus dem Arbeitsmarkt ausgegrenzten Personen (2008/867/EG), ABl. L 307 vom 18.11.2008, S. 11-14.
[59] Mitteilung der Kommission an den Europäischen Rat KOM(2008) 800 endgültig vom 26.11.2008.
[60] Vgl. Verordnung (EG) Nr. 1081/2006 des EP und des Rates vom 5. Juli 2006 über den Europäischen Sozialfonds und zur Aufhebung der Verordnung (EG) Nr. 1784/1999, ABl. L 210 vom 31.7.2006, S. 12 – 18.

tionen in die Humanressourcen sowie eine Ermittlung des künftigen Bedarfs an beruflichen Qualifikationen gefordert.

## 2.2 Die Initiative „Neue Kompetenzen für neue Beschäftigungen"

Von entscheidender Bedeutung für nationale Arbeitsmarktprognosen und Qualifikationsanforderungen ist die am 16. Dezember 2008 veröffentlichte Mitteilung der Kommission „Neue Kompetenzen für neue Beschäftigungen – Arbeitsmarkt- und Qualifikationserfordernisse antizipieren und miteinander in Einklang bringen".[61] Diese beruht im Wesentlichen auf der Entschließung des Rates von November 2007, in der dieser die Kommission und die Mitgliedstaaten ersucht, verstärkt neue Arten von Beschäftigungen und Qualifikationsanforderungen zu ermitteln, regelmäßige Prognosen des mittelfristig zu erwartenden Qualifikationsbedarfs zu erstellen sowie das europäische System für die Prognose von Beschäftigungstrends zu stärken.[62]

In dieser Mitteilung wird die zentrale Bedeutung verbesserter Kompetenzen für Arbeitskräfte und deren Beschäftigungsfähigkeit explizit betont. Insbesondere die Steigerung des Kompetenzniveaus wird von der Kommission langfristig als entscheidend für die Anpassungsfähigkeit an den Wandel des Arbeitsmarktes gesehen. Die EU und nationale Behörden sollen neue Kriterien für Qualifikationen entwickeln und diese zukünftig besser abschätzen und abstimmen. Dabei muss das Kompetenzniveau auf allen Ebenen gesteigert und Bildungssysteme effizienter gestaltet werden. Das Geschlechterungleichgewicht soll abgebaut und die Arbeitskräftemobilität gefördert werden. Durch eine bessere Anpassung und Überwachung der Qualifikationserfordernisse soll der Arbeitsmarkt langfristig gezielter bedient werden.

Eine erste Prognose der Kommission zu den Qualifikations- und Arbeitsmarkterfordernissen bis zum Jahr 2020 kommt zu dem Ergebnis, dass die Anforderungen an Fähigkeiten, Kompetenzen und Qualifikationen in allen Berufszweigen und auf allen Tätigkeitsebenen steigen werden. Dies bedeutet eine Zunahme an Arbeitsplätzen für hochqualifizierte, nicht-manuelle Tätigkeiten[63] und würde die einleitend aufgestellte These belegen, dass gering qualifizierte Arbeitskräfte nur durch gezielte Weiterbildungsmaßnahmen im Sinne des Konzeptes des lebenslangen Lernens auf dem Arbeitsmarkt bestehen können.

Die Initiative „Neue Kompetenzen für neue Beschäftigungen" gliedert sich in vier Bereiche:[64]
1. Behebung von Missverhältnissen durch regelmäßige Informationen über die kurzfristigen Änderungen auf dem Arbeitsmarkt und Prognosen über Qualifikationserfordernisse.
2. Steigerung der Vorhersagekapazität der EU durch die Zusammenführung der vorhandenen nationalen Initiativen.
3. Intensivierung der internationalen Zusammenarbeit durch einen Erfahrungsaustausch und die Zusammenarbeit mit den 46 Mitgliedstaaten des Bologna-Prozesses, um globalen Trends und Herausforderungen frühzeitig begegnen zu können.

---

[61] Mitteilung der Kommission an das EP, den Rat, den EWSA und den AdR KOM (2008) 868/3 vom 16.12.2008.
[62] Vgl. Entschließung des Rates vom 15. November 2007 zu den neuen Kompetenzen für neue Beschäftigungen (2007/C 290/01), ABl. C 290 vom 4.12.2007, S. 1-3.
[63] Vgl. Mitteilung der Kommission KOM (2008) 868 endgültig vom 16.12.2008, S. 5-9.
[64] Vgl. Mitteilung der Kommission KOM (2008) 868 endgültig vom 16.12.2008, S. 14-19.

4. Mobilisierung der Gemeinschaftsinstrumente z.B. durch Anwendung von Maßnahmen des Europäischen Sozialfonds (ESF), Europäischen Fonds für regionale Entwicklung (EFRE), Europäischen Qualifikationsrahmens (EQR) oder der Flexicurity-Strategie.

Im dazugehörigen Arbeitspapier werden die grundsätzlichen Herausforderungen bei der Erstellung von europäischen Arbeitsmarktprognosen genannt. Dies ist zum einen die Ungewissheit hinsichtlich der zukünftigen Lebenserwartung sowie die wechselseitige Beeinflussung von Arbeitskräfteangebot und -nachfrage. Auch kann die Einwanderungsquote aus Drittstaaten nur unzuverlässig prognostiziert werden, da diese von zu vielen politischen, wirtschaftlichen und sonstigen Faktoren beeinflusst wird. Im Bereich der innereuropäischen Migration besteht Unklarheit über die lang- und mittelfristigen Auswirkungen der diversen EU-Bemühungen zur Mobilitätssteigerung der Arbeitnehmer.

Eine weitere Problematik ergibt sich aus der Antizipation neuer Charakteristika des Arbeitskräfteangebotes: Messbare Merkmale, wie der formale Ausbildungsstand, Alter, Geschlecht oder Berufserfahrung verlieren an Bedeutung gegenüber schwer messbaren Merkmalen, wie z.B. Schlüsselkompetenzen. Gleichzeitig verschwinden die traditionellen Berufswege und Arbeitnehmer weisen zunehmend komplexere Karriereverläufe auf. Außerdem sinkt angesichts der abnehmenden Bevölkerungszahlen auch die Zahl der dem Arbeitsmarkt zur Verfügung stehenden Personen. Die Kommission kommt zu dem Ergebnis, dass Europa eine Beschäftigungsquote von rund 74 % erzielen muss (Beschäftigungsquote 2008: 65,9 %)[65], um die Arbeitsmarktnachfrage zukünftig zu decken.[66] Eine größtmögliche Ausschöpfung des vorhandenen Arbeitskräftepotenzials ist daher unumgänglich.

Als Ursachen für veränderte (höhere) Anforderungen an Arbeitnehmer werden auch hier der technologische sowie der organisatorische Wandel hin zu flexibleren Arbeitsformen genannt, welcher die Fähigkeit zu selbständigem Arbeiten, Teamarbeit oder Kommunikationsfähigkeit (soft skills) voraussetzt. Daneben beeinflussen Arbeitsmarktinstitutionen die Entstehung neuer Formen der Arbeitsorganisation und die Flexibilität des Arbeitsmarktes, vor allem in Ländern, in denen der Arbeitsmarkt stark reguliert ist,[67] wie in Deutschland.

Letztendlich schaffen auch der Klimawandel und Umweltbedingungen Voraussetzungen für die Entstehung einer „Green Economy", die ihrerseits neue Berufe und Berufsbilder kreiert, insbesondere im Technologiebereich, aber auch in der Landwirtschaft sowie der Bau- und Transportindustrie.[68]

Die im Arbeitspapier der Kommission analysierte Beveridge-Kurve stellt die Arbeitslosenquote der Quote der vakanten Stellen gegenüber.[69] Sie basiert auf der Annahme, dass hohe Arbeitslosigkeit mit einer geringen Zahl offener Stellen korrespondiert. Ist diese Korrespondenz nicht gegeben, spricht man von einem Mismatch.[70] In der nachfolgenden Tabelle zeigt sich, dass in den betrachteten Ländern eine hohe Arbeitslosigkeit und eine hohe Zahl unbe-

---

[65] Eurostat, Beschäftigungsquote, http://epp.eurostat.ec.europa.eu/portal/page/portal/eurostat/home/, letzter Zugriff am 29.06.2009.
[66] Vgl. Commission staff working document: New Skills for New Jobs, SEC(2008) 3058/2, 2008, S. 9 - 16.
[67] Vgl. Commission staff working document: New Skills for New Jobs, SEC(2008) 3058/2, 2008, S. 13 ff.
[68] Vgl. EurActiv.com vom 17.06.2009, Artikel: WWF Bericht – Grüne Wirtschaft schafft mehr Jobs, abrufbar unter: http://www.euractiv.com/de/enterprise-jobs/wwf-bericht-grne-wirtschaft-schafft-mehr-jobs/article-183246, letzter Zugriff am 25.06.2009.
[69] Vgl. Schleiermacher, Th.: Arbeitslosigkeit Geringqualifizierter, 2004, S. 23.
[70] Weitere Erläuterungen zur Mismatch-Problematik nachfolgend in Kapiteln 2.2 und 4.1 dieser Arbeit.

setzter Stellen zusammentreffen. Dies deutet eine Mismatching-Problematik an: Arbeitskräftepotenzial und -bedarf divergieren nicht in quantitativer, sondern in qualitativer Hinsicht.[71] Nachfolgende Tabelle belegt diese Problematik auch für die Vergleichsländer.

**Tab. 1: Statistische Daten zum Arbeitsmarkt**

|  | Arbeitslosenquote (ALQ) in % (saisonbereinigt) für Februar 2009 [72] | Quote der offenen Stellen (QFS) in % für Februar 2009 [73] |
|---|---|---|
| **EU-27** | 8,1 | 2,1 |
| **D** | 7,7 | 2,4 |
| **GB** | 6,9 | 3,2 |

**Quelle:** Eurostat, Beschäftigung und Arbeitslosigkeit (LFS/ AKE).[74]

Betrachtet man o.g. Daten, könnte man annehmen, dass die Arbeitslosenquote durch die Besetzung der freien Arbeitsstellen reduziert werden könnte. Da dieses Missverhältnis jedoch schon länger besteht, müssen andere Gründe für die Divergenz vorliegen. Dies können z.B. der Mangel an adäquat qualifizierten Arbeitskräften, die inadäquate Besetzung von Stellen (Über-/ Unterqualifikation) oder unattraktive Arbeitsbedingungen (Lohnhöhe, Arbeitszeit, Arbeitsumfeld etc.) sein. Ungleichgewichte und Fehlbesetzungen resultieren in der Regel aus einem Mangel an Informationen und abweichenden Vorstellungen sowohl auf Seiten des Arbeitssuchenden als auch des Arbeitgebers. Der Aufwand, den beide Seiten (oder auch Arbeitsvermittler) leisten müssen, um diese Informationen zu ermitteln, ist immens. Die Kommission weist darauf hin, dass die für ein Matching relevanten Informationen grundsätzlich vorhanden sind oder zumindest erhältlich. Der Aufwand, sie zu erlangen und anzuwenden, muss jedoch für alle Beteiligten erleichtert und systematisiert werden, um präventiv „skills mismatches" vorzubeugen.[75]

Zum Teil werden Qualifikationsdefizite auf die mangelnde Erfahrung junger Berufsanfänger zurückgeführt, die sich im Laufe der Zeit relativiert. Jedoch ist auch eine andauernde Fehlqualifizierung (Über-/Unterqualifikation) vorhanden, z.T. beschränkt auf unterschiedliche Aspekte der Arbeit. Beispielsweise können Migranten, die fachlich hochqualifiziert sind, aber die Landessprache kaum beherrschen, oft nur für geringer qualifizierte Tätigkeiten eingesetzt werden als es ihrem Ausbildungsniveau entspräche. Dabei kann die quantitative Ermittlung fehlender Qualifikationen durch die Ermittlung der Zahl langfristig unbesetzter Stellen oder die Ermittlung bestehender Über-/ Unterqualifikation erfolgen. Grundvoraussetzung für die Evaluation und Prognose von Qualifikationsanforderungen ist eine solide Datengrundlage.[76] Europa muss hier deutlich mehr in eine breite Grundlagenermittlung investieren.[77] Darauf wird ab Kapitel 4 näher eingegangen.

Die Kommission hebt hervor, dass nahezu alle europäischen Länder bereits auf nationaler, regionaler oder sektoraler Ebene Analyseverfahren zu Ermittlung des Stellen- und Qualifika-

---

[71] Vgl. Commission staff working document: New Skills for New Jobs, SEC(2008) 3058/2, 2008, S. 17.
[72] ALQ ist definiert als der prozentuale Anteil der Arbeitslosen an den Erwerbspersonen. Die Erwerbspersonen umfassen die Erwerbstätigen und die Arbeitslosen. Als Arbeitslose definiert sind Personen zwischen 15 und 74 Jahren (einschließlich), die ohne Arbeit sind, innerhalb der nächsten 2 Wochen eine Arbeit aufnehmen können und während der 4 vorhergehenden Wochen aktiv eine Arbeit gesucht haben.
[73] Durch die QFS wird der prozentuale Anteil aller nicht besetzten Stellen wie folgt gemessen: QFS = Zahl der freien Stellen / (Zahl der besetzten Stellen + Zahl der freien Stellen) * 100.
[74] Vgl. Eurostat Homepage, Statistiken zu Beschäftigung und Arbeitslosigkeit (LFS/AKE), Zugriff am 03.06.2009
[75] Vgl. Commission staff working document: New Skills for New Jobs, SEC(2008) 3058/2, 2008, S. 18 ff.
[76] Vgl. Commission staff working document: New Skills for New Jobs, SEC(2008) 3058/2, 2008, S. 31 ff.
[77] Vgl. Commission staff working document: New Skills for New Jobs, SEC(2008) 3058/2, 2008, S. 52.

tionsbedarfes bzw. -angebotes eingerichtet haben. Wie die Verfahren in Deutschland und Großbritannien umgesetzt werden, ist Gegenstand der Untersuchung ab Kapitel 4. Vorab sollen jedoch noch ausgewählte europäische Bildungsinstrumente und Institutionen der Arbeitsmarktforschung beschrieben werden.

## 2.3 Europäische Bildungsinstrumente und Forschungsinstitutionen

Auf europäischer Ebene findet ein bildungspolitischer Einigungsprozess statt, um für berufliche Qualifikationen und erworbene Kompetenzen gemeinsame europäische Bezugsebenen zu entwickeln. Nachfolgend sollen exemplarisch einige ausgewählte, thematisch relevante Instrumente zur Vergleichbarkeit von Qualifikationen vorgestellt werden, um die europäischen Bemühungen zur Anpassung von Kompetenzen darzustellen sowie die Bedeutung der Thematik für die Entwicklung des EU-Arbeitsmarktes hervorzuheben.

Wie bereits erwähnt, vereinbarten die Bildungsminister aus 32 europäischen Staaten 2004 in Maastricht, einen *Europäischen Qualifikationsrahmen (EQR)* als europäisches Übersetzungssystem für das Niveau von Qualifikationen und Bildungsgänge zu schaffen, um die Mobilität auf dem europäischen Arbeitsmarkt sowie zwischen und innerhalb der Bildungssysteme zu erhöhen. Im April 2008 beschlossen das EP und der Rat die Einrichtung des EQR in Form einer für die Mitgliedsstaaten unverbindlichen Empfehlung.[78] Der EQR ist ein Referenzrahmen für Kompetenzen, um Niveaus von Tätigkeitsanforderungen unabhängig von Bildungsabschlüssen zu typisieren und damit Angebot und Nachfrage auf dem Arbeitsmarkt besser abgleichen zu können.

Ein geeignetes Instrumentarium zur Darstellung und Dokumentation von persönlichen Erfahrungen stellt der *Europass* dar, der 2004 als einheitliches gemeinschaftliches Rahmenkonzept zur Förderung der Transparenz von Qualifikationen und Kompetenzen eingeführt wurde.[79] Er beinhaltet verschiedene „standardisierte" Europass-Dokumente (Lebenslauf, Zeugniserläuterung, Sprachenpass, Diplomzusatz), die als Onlinevorlagen jedem zugänglich sind. Damit soll allen Arbeitnehmern, Auszubildenden oder Studierenden eine europaweit verständliche Darstellung der vorhandenen Qualifikationen und Fähigkeiten sowie die europaweite Vergleichbarkeit ermöglicht werden.[80]

Die Vergleichbarkeit von Hochschulleistungen wurde mit der Einführung von Leistungspunkten im Rahmen des *Europäisches System zur Übertragung und Akkumulierung von Studienleistungen (ECTS)* durch den Bologna-Prozess sichergestellt. Damit können Studenten ihre bereits erbrachten Leistungen beim Wechsel an andere Hochschulen unkomplizierter anerkennen lassen.[81] Des Weiteren soll mit der Einrichtung des *Europäischen Leistungspunktesystems für die Berufsbildung (ECVET)* ein europäisches System geschaffen werden, um

---

[78] Vgl. Empfehlung des Europäischen Parlaments und des Rates vom 23. April 2008 zur Einrichtung des Europäischen Qualifikationsrahmens für lebenslanges Lernen, ABl. C 111 vom 6.5.2008, S. 1-17.
[79] Vgl. Entscheidung Nr. 2241/2004/EG des Europäischen Parlamentes und des Rates vom 15. Dezember 2004 über ein einheitliches gemeinschaftliches Rahmenkonzept zur Förderung der Transparenz bei Qualifikationen und Kompetenzen (Europass), ABl. L 390 vom 31.12.2004, S. 6-20.
[80] Vgl. Homepage Europass: http://www.europass-info.de/de/start.asp, letzter Zugriff am 03.06.2009
[81] Vgl. Homepage der Europäischen Kommission, GD Bildung und Kultur, Allgemeine und berufliche Bildung: http://ec.europa.eu/education/lifelong-learning-policy/doc48_de.htm, letzter Zugriff am 03.06.2009

Leistungspunkte auch in der beruflichen Aus- und Weiterbildung zu übertragen.[82] Lernergebnisse, die im Bereich der beruflichen Bildung erzielt wurden, können damit über „Systemgrenzen" hinweg dokumentiert und bescheinigt sowie Qualifikationen durch die erreichten Kompetenzen beschrieben werden.

Der *Gemeinsame Bezugsrahmen für die Qualitätssicherung (CQAF)* dient den Mitgliedstaaten als Referenz bei der Entwicklung und Reform von Qualitätssystemen in der beruflichen Bildung. Er basiert auf den Grundprinzipien der wichtigsten Qualitätssicherungsmodelle. Ein Schwerpunkt liegt auf der Verbesserung und Evaluation von Berufsbildungssystemen hinsichtlich Beschäftigungsfähigkeit, Abstimmung von Angebot und Nachfrage sowie der Förderung des Zugangs zum lebenslangen Lernen.[83] In zwei Leitlinien der *Europäischen Beschäftigungsstrategie (EBS)* von 2003 geht es ebenfalls darum, das Qualifikationsniveau durch lebenslanges Lernen zu verbessern[84] und die durch die Kommission in ihrer Mitteilung von 2001 geforderte Rolle des lebenslangen Lernens zu stärken.[85]

Zur Information über europaweit freie Arbeitsstellen wurde 1993 das *EURES–Portal* (*EUR*ropean *E*mployment *S*ervices) zur beruflichen Mobilität mit Informationen, Beratung und Vermittlung durch Abstimmung von Stellenangeboten und Arbeitsuche für Arbeitskräfte und Arbeitgeber eingerichtet, das derzeit aus einem Netz von mehr als 700 EURES-Beratern besteht, die in täglichem Kontakt mit Arbeitssuchenden und Arbeitgebern in ganz Europa stehen.[86]

Auf institutioneller EU-Ebene sollen an dieser Stelle im Forschungsbereich das Cedefop und das Europäische Beschäftigungsobservatorium hervorgehoben werden. Das 1975 gegründete *Europäische Zentrum für die Förderung der Berufsbildung (Cedefop)* ist eine Gemeinschaftsagentur der EU, die zur Förderung und Entwicklung der Berufsbildung in Europa beiträgt.[87] Seit 2001 wurde vom Cedefop das sog. Skillsnet[88] entwickelt, ein Netzwerk zur Früherkennung von Qualifikationserfordernissen, um dem Fehlen von Informationen über zukünftige Qualifikationsanforderungen entgegenzuwirken. Das Cedefop will durch diese Plattform die Situation verbessern, indem ein Dialog und Informationsaustausch zwischen den Forschungsinstituten gefördert sowie neue Studienergebnisse für die Entscheidungsfindung bereitgestellt werden.[89]

Das *Europäische Beschäftigungsobservatorium (EBO)* wurde 1982 gegründet, um ein Netzwerk für den Informationsaustausch zwischen den Mitgliedstaaten und der Kommission zu schaffen. Dies soll insbesondere durch die Bereitstellung von Informationen und verglei-

---

[82] Vgl. Arbeitsdokument der Kommissionsdienststellen SEK(2006) 1431: Das europäische Leistungspunktesystem für die Berufsbildung (ECVET) – Ein europäisches System für die Übertragung, Akkumulierung und Anerkennung von Lernleistungen im Bereich der Berufsbildung, 2006, S. 3.
[83] Vgl. Cedefop: Grundlagen eines „Gemeinsamen Bezugsrahmens für die Qualitätssicherung" für die berufliche Bildung in Europa, 2007, S. 5.
[84] Vgl. Ausführungen auf der Homepage der Europäischen Kommission, GD Beschäftigung, soziale Angelegenheiten und Chancengleichheit: http://ec.europa.eu/social/main.jsp?catId=101&langId=de, letzter Zugriff 16.06.2009
[85] Das Programm für lebenslanges Lernen mit Aktionen der Gemeinschaft im Bereich des lebenslangen Lernen wurde mit Beschluss Nr. 1720/2006/ EG des Europäischen Parlaments und des Rates vom 15.11.2006 festgelegt. ABl. L 327 vom 24.11.2006, S. 45-68.
[86] Vgl. EURES Homepage: http://ec.europa.eu/eures/home.jsp?lang=de, letzter Zugriff am 03.06.2009
[87] Vgl. Cedefop Homepage: http://www.cedefop.europa.eu/default.asp, letzter Zugriff am 03.06.2009
[88] Vgl. Skillsnet Homepage: http://www.trainingvillage.gr/skillsnet, letzter Zugriff am 03.06.2009.
[89] Vgl. Cedefop – Skill needs Homepage:
http://www.cedefop.europa.eu/etv/Projects_Networks/skillsnet/default.asp, letzter Zugriff am 03.06.2009

chender Forschung über beschäftigungspolitische Maßnahmen und Arbeitsmarkttrends geschehen. Es leistet durch die Evaluierung der Beschäftigungspolitik in den erfassten Ländern einen Beitrag zur Förderung der Europäischen Beschäftigungsstrategie (EBS). Auf diese Weise wird die Informationsgrundlage für Entscheidungsträger der Beschäftigungsstrategie und andere Interessengruppen verbessert. Dem Observatorium gehören Vertreter der Mitgliedstaaten sowie der Kandidatenländer der EU und der Mitgliedstaaten des Europäischen Wirtschaftsraums (EWR) an.[90]

Nachfolgende Abbildung stellt die beschriebenen Instrumente und Institutionen der EU dar.

**Abb. 5**: Europäische Instrumente und Institutionen im Bildungsbereich

| Cedefop: Skillsnet | | EBO |
|---|---|---|
| Leistungspunktesystem für die berufliche Bildung: **ECVET** | **Europäische Initiativen im Bildungsbereich** | Qualitätssicherung: **CQAF** |
| Leistungspunktesystem für die Hochschulbildung: **ECTS** | | Qualifikationsrahmen: **EQR** |
| Prinzipien zur Anerkennung formellen Lernens: **EUROPASS** | Europäische Beschäftigungsstrategie / beschäftigungspolitische Leitlinien: **EU-Strategie des lebenslangen Lernens** | Portal für berufliche Mobilität mit Informationen, Beratung und Vermittlung: **EURES** |

**Quelle**: Eigene Darstellung in Anlehnung an Clement, U.: Standardisierung und Zertifizierung beruflicher Qualifikationen in Europa, 2006, S.29.

## 2.4 Bewertung der EU-Maßnahmen und Zwischenfazit

Das Ziel von Lissabon (Steigerung der Wettbewerbsfähigkeit Europas) erfordert eine Verbesserung der Bildungssysteme, um hochqualifizierte Arbeitskräfte auszubilden. Die Mitgliedstaaten sind für die Gestaltung der Bildungssysteme zwar selbst verantwortlich, jedoch besteht ein großer Einfluss auf die nationale Politik durch die erläuterten europäischen Initiativen. Die Mitgliedstaaten können EU-Mittel in Anspruch nehmen (z.B. ESF-Mittel), um die Ziele im Bereich der Berufsbildung zu erreichen. Berufsbildung ist eine der Hauptsäulen des lebenslangen Lernens.

Der Fachkräftemangel auf den Arbeitsmärkten ist ein europaweites Problem, dass durch politische Maßnahmen auf europäischer Ebene angegangen werden kann. Die Früherkennung des Qualifikationsbedarfs und die Bereitstellung von Weiterbildungsmaßnahmen sind Möglichkeiten, um den verändernden Qualifikationsanforderungen zu begegnen.

Wie beschrieben, sollen die verbesserte Mobilität der Studierenden, als Ziel der Erklärung von Bologna, sowie die Transparenz und Anerkennung von Qualifikationen durch die verschiedenen Instrumente (Erasmus, EQR, ECTS, ECVET) erleichtert werden. Kompetenzen und Qualifikationen spielen eine entscheidende Rolle für die Arbeitssuche und Stellenbesetzung. Es ist daher erforderlich, die Bevölkerung gezielt mit den richtigen Kompetenzen aus-

---

[90] Vgl. EBO Homepage: http://www.eu-employment-observatory.net/de/index.aspx, letzter Zugriff am 03.06.2009

zustatten, sowie den Wissenstransfer, z.B. durch arbeitsbezogene Weiterbildungsmaßnahmen, zu unterstützen. Die EU liefert durch die von ihr initiierten Instrumente und Initiativen Vorlagen für staatliche Bildungs- und Arbeitsmarktmaßnahmen.

Die beschlossenen Ziele und Prioritäten der EU zur Weiterentwicklung der Bildungs- und Berufsbildungssysteme sollten so umgesetzt werden, wie diese aus dem Maastricht-Kommuniqué zur verstärkten europäischen Zusammenarbeit in der Berufsbildung hervorgehen.[91] Prioritäten wie der EQR, das Anrechnungssystem für die Berufsbildung, Qualitätssicherung, Zertifizierung und Anerkennung nicht-formalen und informellen Lernens, Mobilität und Transparenz von Qualifikationen und Kompetenzen (z.B. Europass) sowie lebenslanges Lernen und Beratung sind auch für das deutsche und britische Berufsbildungssystem von hoher Relevanz und beeinflussen deren nationale Ausgestaltung.

Insbesondere durch den Globalisierungsprozess sind Arbeitnehmer gezwungen, sich immer öfter und umfangreicher weiterzubilden, um den neuen vielfältigen Herausforderungen im Arbeitsleben Stand zu halten. Es muss Beschäftigten daher ermöglicht werden, ihre Fähigkeiten während des Arbeitslebens zu verbessern und neue Qualifikationen zu entwickeln, die den zukünftigen Berufsanforderungen entsprechen. Ebenso müssen die erworbenen Kompetenzen von Arbeitskräften auch im europäischen Ausland akzeptiert werden, um Arbeitskräfte mobilität zu ermöglichen und zu erleichtern. Dies erfordert eine Anpassung der Bildungslehrpläne und Studiengänge. Die angestrebte Vergleichbarkeit der beruflichen Leistungen durch das ECVET ist ein richtiger Schritt zur Transparenz europäischer Berufsbildungssysteme.

Die Nichtübereinstimmung von Qualifikationen der Arbeitnehmer mit den beruflichen Anforderungen sowie fehlende Einschätzungs- und Bewertungsmöglichkeiten von im Ausland erworbenen Fähigkeiten bereiteten in der Vergangenheit Beschäftigten große Probleme bei der europaweiten Arbeitsplatzwahl. Diese sollen zunehmend durch die genannten Initiativen der EU zur Unterstützung der Bildungs- und Beschäftigungsmobilität innerhalb Europas gelöst werden. Dass die Notwendigkeit von nationalen und sektoralen Qualifikationsrahmen auf EU-Ebene erkannt worden ist und ihre Vergleichbarkeit durch den EQR gefördert wird, ist zielführend für die Anpassung der Bildungssysteme an die Arbeitsmarktanforderungen. Die vorgestellten EU-politischen Ansätze scheinen für eine Anpassung geeignet. Wie sich nachfolgend zeigt, bestehen jedoch national vielerorts noch große Probleme und eine mangelnde Umsetzung.

---

[91] Vgl. Kommuniqué von Maastricht zu den künftigen Prioritäten der verstärkten Europäischen Zusammenarbeit in der Berufsbildung, Dezember 2004.

# 3 Analyse der nationalen Arbeitsmarkt- und Bildungssituation

## 3.1 Auswertung statistischer Daten

Zunächst soll ein Überblick über die aktuelle Situation auf dem Arbeitsmarkt und im Bildungsbereich in Deutschland und Großbritannien[92] gegeben und mit statistischen Angaben belegt werden, um die nationalen Besonderheiten bei der Analyse berücksichtigen zu können. Dafür werden einige ausgewählte statistische Daten herangezogen, die einen Zusammenhang zwischen der Kompetenzentwicklung von Arbeitskräften und der Notwendigkeit von Weiterbildungsmaßnahmen erkennen lassen. Hierbei wird deutlich, welche Diskrepanz zwischen Arbeitslosigkeit und dem Vorhandensein offener Stellen auf dem Arbeitsmarkt besteht und wie schwierig sich die Anpassung der Kompetenzen an Qualifikationserfordernisse, insbesondere bei der Gruppe der geringqualifizierten Beschäftigten, gestaltet.

Als Hinweis sei noch erwähnt, dass die Auswertung der statistischen Daten anhand der Bildungsstufen gemäß der Internationalen Standardklassifikation für das Bildungswesen (IS-CED) als Grundlage der internationalen Bildungsstatistik erfolgt. Diese Stufen wurden von der UNESCO zur Klassifizierung und Charakterisierung von Schultypen und Schulsystemen eingerichtet.[93] Es werden insgesamt sieben Bildungsebenen unterschieden.[94]

Schulen und Hochschulen sowie berufliche Aus- und Weiterbildungsinstitutionen wirken auf die individuelle Entwicklung von Kompetenzen ein. Eine Umsetzung der Qualifikationserfordernisse ist daher auf allen Ebenen notwendig. Berufs- und Hochschulbildung sind alternative Wege für die Erzeugung und den Einsatz von Kompetenzen und für die Bildungswegentscheidung einer Person. Es gibt auch institutionalisierte Beziehungen zwischen verschiedenen Teilen der Ausbildung.[95]

**Abb. 6: Kompetenzentwicklungssysteme sowie ausgewählte Verbindungen zu anderen Teilsystemen innerhalb einer Gesellschaft**

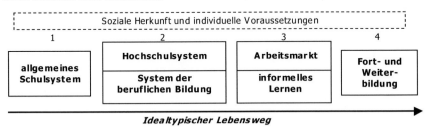

**Quelle**: Mayer, K.U./ Solga, H.: Skill Formation, Interdisciplinary and cross-national perspectives, 2008, S. 53, modifizierte Darstellung.

---

[92] Für Großbritannien werden hierbei die statistischen Gesamtdaten des Vereinigten Königreiches betrachtet.
[93] Vgl. Eurostat: Europa in Zahlen, Eurostat Jahrbuch 2008, S. 163.
[94] ISCED-Stufen: Stufe 0: Elementarbereich – Vorschule, Stufe 1: Primarbereich – Grundbildung, Stufe 2: Sekundarbereich I bis zum Ende der Schulpflicht, Stufe 3: Sekundarbereich II – Oberstufe, Allgemein-/ Berufsbildung, Stufe 4: nicht-tertiäre Bildung nach dem Sekundarbereich – Abendgymnasium, Kolleg, Fachoberschule, Stufe 5: tertiäre Bildung (erste Stufe) – akademisch Ausrichtung (Hochschule, Berufsakademie), Stufe 6: tertiäre Bildung (zweite Stufe) – Promotion oder Habilitation.
[95] Vgl. Mayer, K.U./ Solga, H.: Skill Formation, Interdisciplinary and cross-national perspectives, 2008, S. 54 ff.

Die nationalen Systeme der allgemeinen und beruflichen Bildung sind in der Regel mit dem Arbeitsmarkt verbunden, um den Problemen bei der Bereitstellung von ausreichend Qualifikationen entgegenzuwirken. Auch die soziale Zugehörigkeit hat einen direkten Einfluss auf die Übertragung von Qualifikationen und die individuelle Bildung. Deutschland gilt seit jeher als ein Land mit vielen hochqualifizierten Arbeitnehmern, während in Großbritannien viele Geringqualifizierte beschäftigt sind. Ein Grund hierfür sind die immer noch markanten Unterschiede in der Wirtschaftsstruktur: Deutschland ist eine Industrienation, während Großbritannien seinen wirtschaftlichen Fokus eher auf den Handel konzentriert.[96]

Die Zahl der unterschiedlich qualifizierten Arbeitnehmer lässt sich bereits bei der Betrachtung der Schulabgänger erkennen: In Deutschland beenden mehr Jugendliche die Schule mit einem höheren Schulabschluss als in Großbritannien. Tabelle 2 gibt den Prozentsatz der 18-Jährigen an, die noch eine Schule besuchen. Dabei wurden alle ISCED-Stufen berücksichtigt.

**Tab. 2: Bildungsbeteiligung von 18-Jährigen**

| | EU-27 | Deutschland | Großbritannien |
|---|---|---|---|
| Bildungsbeteiligung von 18-Jährigen – Beteiligungsquote (alle ISCED-Stufen), Jahr 2007, in % | 76,8 | 84,8 | 49,9 |

**Quelle**: Eurostat, Bildung und Weiterbildung.

Der betrachtete Indikator umfasst sowohl diejenigen, die einen regulären Bildungsweg ohne Verzögerung durchlaufen haben, als auch diejenigen, die ihren Bildungsweg fortsetzen, obwohl sie bereits einige Phasen wiederholen mussten. Er vermittelt eine Vorstellung von dem Anteil der Jugendlichen, die weiterhin eine Verbesserung ihrer Fertigkeiten im Rahmen der Erstausbildung anstreben. Es sind signifikante Unterschiede in der Bildungsbeteiligung zwischen Deutschland und Großbritannien ersichtlich.

Die absolute Anzahl der Personen, die in den betreffenden Ländern eine Einrichtung des Tertiärbereichs wahrnehmen (Hochschule, Berufsakademie) und damit weiterreichende Kompetenzen erwerben, ist in beiden Staaten annähernd gleich.

**Tab. 3: Studenten, die eine Einrichtung des Tertiärbereichs (ISCED 5-6) im Rahmen des regulären Bildungssystems besuchen**

| | EU-27 | Deutschland | Großbritannien |
|---|---|---|---|
| Gesamtzahl der Personen in Millionen, Jahr 1998 | 15,0 | 2,1 | 1,9 |
| Gesamtzahl der Personen in Millionen, Jahr 2007 | 18,9 | 2,3 | 2,3 |

**Quelle**: Eurostat, Bildung und Weiterbildung.

Die Gesamtzahl der Personen in Tabelle 3 bezieht sich auf die Zielbevölkerung der Bildungspolitik für den Tertiärbereich und liefert Angaben zur Personenanzahl, die Zugang zur Tertiärbildung haben und voraussichtlich ihre Ausbildung abschließen. Deutschland und Großbritannien verzeichnen auch weiterhin die höchsten Studentenzahlen innerhalb der EU: je ca. 2,3 Millionen, das entspricht ca. 12 % des EU-27 Gesamtwertes.

---

[96] Vgl. Busch, A.: Großbritannien in der Weltwirtschaft, in: Kastendiek, H./ Sturm, R.(Hrsg.): Länderbericht Großbritannien, 2006, S. 410.

Die Studenten können zu einer Verbesserung des erreichten Bildungsstands der Bevölkerung im betreffenden Land beitragen, falls sie nach dem Ende der Ausbildung in diesem Land leben und arbeiten. In beiden Ländern ist die Anzahl ggü. dem Jahr 1998 gestiegen. Ein Vergleich der Tabellen 2 und 3 besagt, dass die absolute Studentenzahl zwar gleich ist, aber bei einer Gesamtbevölkerung in Deutschland von ca. 82 Millionen Einwohnern und in Großbritannien von ca. 62 Millionen Einwohnern der Studentenanteil in Großbritannien höher ist. Gleichzeitig beträgt der Anteil der „Nicht-Studenten", die mit 18 Jahren an einer Bildungsmaßnahme teilnehmen, in Deutschland fast 85 %, während in Großbritannien fast die Hälfte der 18-Jährigen an gar keiner Bildungsmaßnahme teilnimmt, gleichwohl jedoch in einem Arbeitsverhältnis stehen kann. Dies verdeutlicht bereits Unterschiede im Bildungssystem.

Der Bevölkerungsanteil, der Qualifikationen im Tertiärbereich erworben hat, stellt einen der Indikatoren für die Fähigkeit eines Landes dar, den technischen und wirtschaftlichen Fortschritt zu nutzen. Eine höhere Bildung spielt allgemein eine zentrale Rolle für die Entwicklung des Individuums und der modernen Gesellschaft, da diese zur Verbesserung der sozialen und wirtschaftlichen Entwicklung beiträgt. Insbesondere in Großbritannien hat es seit den 90er Jahren große Veränderungen in der Bildungsbeteiligung gegeben, wie nachfolgende Tabelle belegt:

**Tab. 4: Bildungsabschluss – Prozentualer Anteil der Bevölkerung im Alter von 25 bis 64 Jahren, die mindestens einen höheren Sekundarabschluss erreicht haben**

|  | EU-27 | Deutschland | Großbritannien |
|---|---|---|---|
| Jahr 1997 | ./. | 80,4 | 54,7 |
| Jahr 2007 | 70,8 | 84,4 | 73,4 |

**Quelle**: Eurostat, Bildung und Weiterbildung.

In Großbritannien ist der Anteil der Personen, die einen höheren Sekundarabschluss erreicht haben, stark gestiegen.
Die Zahl der frühzeitigen Schulabgänger ist demgegenüber leicht gesunken.

**Tab. 5: Bildungsabschluss – Frühzeitige Schulabgänger: Prozentualer Anteil der 18- bis 24-Jährigen, die nur einen unteren Sekundarabschluss erreicht haben und keine weitere Bildung absolvieren**

|  | EU-27 | Deutschland | Großbritannien |
|---|---|---|---|
| Jahr 2000 | 17,6 | 14,9 | 18,4 |
| Jahr 2007 | 15,2 | 12,7 | 17,0 |

**Quelle**: Eurostat, Bildung und Weiterbildung.

Die Zahl der frühzeitigen Schulabgänger hat generell abgenommen. Die Zahl liegt in Großbritannien jedoch noch immer leicht über dem EU-27 Durchschnitt und deutlich über dem Anteil von Deutschland. In Großbritannien ist die Anzahl der Studenten (Tab. 3) sowie die Anzahl der Bevölkerung mit höherem Sekundarabschluss gestiegen (Tab. 4). Die Zahl der frühzeitigen Schulabgänger ist gesunken (Tab. 5). Diese Angaben belegen, dass speziell dieses Land in den vergangenen Jahren große Schritte in Richtung einer kollektiven Verbesserung der Qualifikationen, insbesondere im Bereich der höheren Bildungsqualifikation, unternommen hat. Noch immer ist der Anteil der Jugendlichen unter den Arbeitslosen allerdings sehr hoch.

**Tab. 6: Arbeitslosenquote – Prozentualer Anteil der arbeitslosen Jugendlichen im Alter von 15 bis 24 Jahren an der Erwerbsbevölkerung**

| | EU-27 | Deutschland | Großbritannien |
|---|---|---|---|
| Jahr 2000 | 17,3 | 7,5 | 12,2 |
| Jahr 2008 | 15,4 | 9,8 | 15,0 |

Quelle: Eurostat, Beschäftigung und Arbeitslosigkeit (LFS/ AKE).

Der Anteil der arbeitlosen Jugendlichen ist in beiden Ländern, im Gegensatz zum EU-27 Durchschnitt, leicht gestiegen. Dies ist nicht nur strukturell bedingt, sondern auch konjunkturelle Änderungen haben einen Einfluss, wenn man berücksichtigt, dass im Jahr 2000 Hochkonjunktur herrschte, während sich in 2008 bereits die Wirtschaftskrise bemerkbar machte. Fraglich ist trotzdem, ob die Jugendlichen in ihrer schulischen und beruflichen Ausbildung nicht die notwendigen Kompetenzen entsprechend den Anforderungen des Arbeitsmarktes entwickeln konnten.

Nicht nur das schulische Lernen als primäre Kompetenzerwerbsquelle ist bei der Betrachtung der statistischen Indikatoren zu berücksichtigen, sondern auch das lebenslange Lernen. Es umfasst Lernen aus persönlichen, sozialen und beruflichen Gründen und kann innerhalb oder außerhalb der formalen Bildungssysteme erfolgen. Dieses zu fördern bedeutet, mehr in Menschen und ihr Wissen – also in das Humankapital – zu investieren, den Erwerb von Basisqualifikationen zu unterstützen und den Weg für flexiblere, innovative Lernformen frei zu machen. Lebenslanges Lernen umfasst alle Lerntätigkeiten, die einer kontinuierlichen Verbesserung von Kenntnissen, Fähigkeiten und Kompetenzen dienen.[97]

Wie bereits in Kapitel 2 erläutert, verfolgt auch die EU das Ziel, einen europäischen Raum des lebenslangen Lernens zu schaffen[98] und durch die Europäische Beschäftigungsstrategie (EBS) das Qualifikationsniveau zu erhöhen. Der Indikator des lebenslangen Lernens kann zum einen als Faktor für die soziale Sicherheit, wirtschaftliche Leistung und Wettbewerbsfähigkeit eines Landes betrachtet werden und bildet ein Kernelement der Wissensgesellschaft.[99] Zum anderen trifft er eine Aussage darüber, wie auch im Arbeitsleben durch ständige Weiterbildung die Kompetenzen der Beschäftigten an die erforderlichen Qualifikationen angepasst werden. In Großbritannien spielen Weiterbildungsmaßnahmen als permanente Weiterentwicklung der beruflichen Kompetenzen eine stärkere Rolle als in Deutschland. Das System des lebenslangen Lernens wurde in Deutschland bislang nicht konsequent implementiert. Nachfolgende Tabelle gibt einen Überblick über die Trends im Bereich des lebenslangen Lernens.

**Tab. 7: Teilnahme am lebenslangen Lernen – Anteil der Bevölkerung im Alter von 25 bis 64 Jahren an Aus- und Weiterbildungsmaßnahmen**

| | EU-27 | Deutschland | Großbritannien |
|---|---|---|---|
| Jahr 2000 | 7,1 | 5,2 | 20,5 |
| Jahr 2008 | 9,6 | 7,9 | 19,9 |

Quelle: Eurostat, Arbeitskräfteerhebung (AKE) der EU.

Die Teilnahme am lebenslangen Lernen umfasst alle allgemeinen oder beruflichen Bildungsmaßnahmen – formell, informell oder nicht-formell – am Arbeitsplatz, im Rahmen des

---

[97] Vgl. Cedefop: 2010 im Blickpunkt – Neubewertung der Berufsbildung, 2008, S. 15.
[98] Vgl. Mitteilung der Kommission KOM (2001) 678 endgültig vom 21.11.2001.
[99] Vgl. Dettling, D./ Becker, M.: Wie sozial ist Europa, 2009, S. 35.

formellen Bildungssystems oder privat wahrgenommen. In Deutschland ist ein positiver Trend zu erkennen. Allerdings ist in Großbritannien die Teilnahmequote mit insgesamt rund einem Viertel der Bevölkerung viel höher als in Deutschland, wo nur 7,9 % der erwachsenen Gesamtbevölkerung am lebenslangen Lernen partizipieren. Der Unterschied ist beträchtlich. Deutschland hat damit die von der EU für 2010 angestrebte Beteiligungsquote von 12,5 % noch nicht erreicht. Die nächste Tabelle verdeutlicht die Teilnahmequoten für alle Lernaktivitäten im Jahr 2006 – d.h. formal, nichtformal und informell – aufgeschlüsselt nach dem Bildungsniveau der Teilnehmer.

**Tab. 8: Teilnahme am lebenslangen Lernen – Anteil der Bevölkerung im Alter von 25 bis 64 Jahren nach Bildungsstand (2006, in Prozent)**

| | EU-27 | Deutschland | Großbritannien |
|---|---|---|---|
| Vorschule, Sekundarstufe I, ISCED Stufen 0-2 | 3,7 | 2,6 | 16,1 |
| Sekundarstufe II, ISCED Stufen 3-4 | 8,9 | 7,0 | 24,2 |
| Tertiärbildung, ISCED Stufen 5-6 | 18,7 | 12,3 | 37,3 |

**Quelle**: Eurostat, Arbeitskräfteerhebung (AKE) der EU, Ad-hoc-Modul für lebenslanges Lernen 2003.[100]

Aus den Tabellen 7 und 8 ergibt sich, dass die Bevölkerung ab 25 Jahren in Großbritannien viel stärker an Aus- und Weiterbildungsmaßnahmen teilnimmt und der Anteil in Deutschland im EU-27 Vergleich unterdurchschnittlich repräsentiert ist. Dies kann ein starkes Indiz dafür sein, dass die Bevölkerung in Großbritannien ihre Defizite in der schulischen Ausbildung im Erwachsenenalter nachholt. Gleichzeitig kann es für das umfangreiche Ausbildungssystem nach der Sekundarstufe II in Deutschland sprechen.

**Tab. 9: Teilnahme an Lernaktivitäten nach Beruf (Stand 2005, in Prozent)**

| | EU-25 | Deutschland | Großbritannien |
|---|---|---|---|
| Leiter, Wissenschaftler, Techniker und gleichrangige nichttechnische Berufe | 64,8 | 60,8 | 57,2 |
| Bürokräfte und Verkäufer | 45,1 | 42,3 | 44,2 |
| Fachkräfte in der Landwirtschaft und Fischerei, Handwerks- und verwandte Berufe | 34,4 | 35,9 | 26,8 |
| Anlagen- und Maschinenbediener sowie Montierer und Hilfsarbeitskräfte | 27,7 | 24,8 | 22,3 |

**Quelle**: Eurostat, Bildung und Weiterbildung.

Es ist offensichtlich, dass das bereits erreichte Qualifikationsniveau ein wichtiger Faktor für die spätere Teilnahme am lebenslangen Lernen ist. Die Tabellen 8 und 9 zeigen, dass hochqualifizierte Menschen sich häufiger weiterbilden als Personen mit dem geringsten Bildungsstand. Dies verdeutlicht, dass gerade geringqualifizierte Beschäftigte zu fördern sind. Kompetenzen und Fertigkeiten von hohem Niveau zu erwerben und kontinuierlich zu aktualisieren und weiter zu entwickeln sind Voraussetzungen für die individuelle persönliche Entwicklung und Eingliederung in den Arbeitsmarkt. Die Strategie des lebenslangen Lernens befähigt zur Bewältigung neuer beruflicher Herausforderungen.[101]

---

[100] Vgl. Eurostat Statistik kurz gefasst 8/2005: http://www.eds-destatis.de/de/downloads/sif/nk_05_08.pdf, letzter Zugriff am 15.06.2009
[101] Vgl. Eurostat Statistik kurz gefasst 8/2005: http://www.eds-destatis.de/de/downloads/sif/nk_05_08.pdf, letzter Zugriff am 15.06.2009

Mit den beschäftigungspolitischen Leitlinien hat sich die EU für 2010 das Ziel gesetzt, eine Beschäftigungsquote von 70 % zu erreichen. Dieses Ziel wurde 2008 in Deutschland und Großbritannien erreicht, wie aus Tabelle 10 hervorgeht. Aufgrund der momentanen Wirtschaftskrise bleibt jedoch abzuwarten, ob diese Quote auch in 2009 wieder erzielt werden kann.

Aus nachfolgender Tabelle wird ersichtlich, dass es je nach Bildungsgrad beträchtliche Unterschiede zwischen den Beschäftigungsquoten gibt. Die Beschäftigungsquote der Personen mit abgeschlossener Tertiärstufe lag im Jahr 2008 in Deutschland und Großbritannien bei rund 75 % und damit weit über der Quote derjenigen mit geringem Bildungsniveau. Generell scheinen demnach höhere Bildungsabschlüsse einen gewissen Schutz gegen das Risiko der Arbeitslosigkeit zu bieten. Dies lässt auch schlussfolgern, dass geringqualifizierte Arbeitskräfte primär weitergebildet werden müssen, um sich auf dem Arbeitsmarkt mit seinen laufenden Veränderungen und steigenden Qualifikationsanforderungen behaupten zu können.

**Tab. 10: Arbeitsmarktdaten**

| | EU-27 | Deutschland | Großbritannien |
|---|---|---|---|
| **Beschäftigungsquote** 2008 (Anteil der Beschäftigten an der Bevölkerung) | 65,9 | 70,7 | 71,5 |
| Beschäftigungsquote 2008 nach höchstem Bildungsniveau in der Altersgruppe 25-64 Jahre | | | |
| ISCED-Stufe 0 – 2 | 48,1 | 45,9 | 56,2 |
| ISCED Stufe 3 – 4 | 70,6 | 74,7 | 75,1 |
| ISCED-Stufe 5 – 6 | 83,9 | 86,4 | 85,3 |
| **Arbeitslosenquote** im April 2009, saisonbereinigt | 8,6 | 7,7 | 6,9 |
| Arbeitslosenquoten 2008 der Bevölkerung im Alter 25 bis 64 Jahren nach Bildungsstand | | | |
| ISCED Stufen 0 – 2 | 9,8 | 16,2 | 6,6 |
| ISCED Stufen 3 – 4 | 5,6 | 7,1 | 4,1 |
| ISCED Stufen 5 – 6 | 3,4 | 3,2 | 2,3 |
| **Quote der freien Stellen** (QFS) insgesamt 2008 | 1,7 | 3 | 1,9 |
| QFS im Baugewerbe 04/2008 | ./. | 1,8 | 0,9 |
| QFS in öffentlicher Verwaltung, Verteidigung, Erziehung, Gesundheits-, Veterinär- u. Sozialwesen, Sozialversicherung, öff. Dienstleistungen | ./. | 3,2 | 2 |
| **Öffentliche Ausgaben** für arbeitsmarktpolitische Maßnahmen in % vom BIP 2007, Aktivierungsmaßnahmen für Arbeitslose: Aus- und Weiterbildung, Arbeitsplatztausch/ Job-Sharing, Beschäftigungsanreize, geförderte Beschäftigung/ Rehabilitation, direkte Schaffung von Arbeitsplätzen, Gründungsinitiativen | 1,7 | 2,4 | 0,5 |

*Alle Angaben in Prozent*

**Quelle**: Eurostat, Arbeitsmarkt (einschließlich LFS/ AKE).

Der Indikator der Arbeitslosenquote aufgeschlüsselt nach Bildungsstand gibt die Wahrscheinlichkeit dafür an, dass eine arbeitswillige Person arbeitslos ist. In Deutschland sind viele Geringqualifizierte arbeitslos. In Deutschland gibt es viele Arbeitskräfte mit mittlerer Qualifikation, viele Arbeitsstellen werden eher mit mittleren Bildungsabsolventen als mit Geringqualifizierten besetzt. Die Aufschlüsselung der Arbeitslosenquote nach Bildungsstand liefert ein Maß für die Schwierigkeiten, mit denen Personen mit unterschiedlichen Bildungsabschlüssen auf dem Arbeitsmarkt konfrontiert sind. Es vermittelt eine Vorstellung davon, wie sich die Bildung auf die Reduzierung des Risikos der Arbeitslosigkeit auswirkt. Geringqualifizierte Beschäftigte sollten daher gezielt durch Weiterbildungsmaßnahmen zur Verbesserung der beruflichen Kompetenzen gefördert werden.

Zusammenfassend ist festzustellen, dass eine Früherkennung der Bedürfnisse und die anschließende Umsetzung aktiver und präventiver Arbeitsmarktmaßnahmen notwendig sind, um arbeitssuchende Menschen besser in den Arbeitsmarkt zu integrieren. Eine verbesserte Vorausschätzung der Qualifikationsanforderungen sowie der Defizite und Engpässe auf dem Arbeitsmarkt ist erforderlich. Die Arbeitslosenquote ist sowohl in Deutschland als auch in Großbritannien im Bereich der Beschäftigten mit einem geringen Schulabschluss am höchsten. Qualifikation ist demnach ein Faktor, der die Arbeitslosenquote beeinflusst.

Die Quote der offenen Stellen spiegelt zum Teil die nicht gedeckte Nachfrage nach Arbeitskräften wider und ist ein Schlüsselindikator für die Strukturanalyse. Diese Quote liegt sowohl in Deutschland als auch in Großbritannien über dem EU-Durchschnitt. Fraglich ist, warum die Stellen nicht besetzt werden können. Geht man davon aus, dass es sich um einen Fachkräftemangel handelt (also um das fehlende Vorhandensein von qualifizierten Arbeitskräften für die zu besetzenden Stellen), erscheint die gezielte Qualifizierung der Arbeitssuchenden mit den geforderten Fähigkeiten als eine der primären Aufgaben der Arbeitsverwaltungen und des staatlichen Handelns. Demnach erweisen sich die bisher getätigten öffentlichen Initiativen und Ausgaben für arbeitsmarktpolitische Aktivierungsmaßnahmen als nicht ausreichend.

Diese Defizite wurden in beiden Staaten erkannt und führten in den letzten Jahren zu staatlichen Reformen im Bereich der Bildungs- und Arbeitsmarktpolitik, die nachfolgend erläutert werden. Eine kurze Darstellung der Bildungssysteme soll zunächst deren Unterschiede und mögliche Ansatzpunkte für Verbesserungen verdeutlichen.

## 3.2 Die jüngsten Entwicklungen auf dem deutschen Bildungs- und Arbeitsmarkt

Das deutsche Bildungssystem ist fünfstufig aufgebaut, schulische und berufliche Abschlüsse sind grundsätzlich getrennt.[102] Nach der obligatorischen Grundschule folgen die Sekundarstufen I und II, der tertiäre und der quartäre Bereich. Kern der beruflichen Bildung in Deutschland ist die duale Ausbildung, die neben der gymnasialen Bildung zur Sekundarstufe II gehört. In 2007/2008 begannen in Deutschland 625.914 Personen eine Ausbildung.[103] Das duale Ausbildungssystem ist gekennzeichnet durch mehrere Lernorte, die sich in der Trägerschaft von Berufsschule und Ausbildungsbetrieb befinden, dazu können auch überbetriebliche Lerneinrichtungen besucht werden.

Der Tertiärbereich beginnt nach dem Erwerb der Hochschulzugangsberechtigung und ist an Hochschulen (Universitäten, Fachhochschulen, Hochschulen) und Berufsakademien angesiedelt bzw. nach einer entsprechenden Berufsausbildung und mehrjähriger Berufserfahrung an Fachschulen. Der quartäre Bereich umfasst vorwiegend Weiterbildungsangebote in Form von privater und beruflicher Weiterbildung nach der Berufsausbildung, beispielsweise durch

---

[102] Vgl. Hammer, H.D.: Modulare Aus- und Weiterbildung – Vergleichende Betrachtung des Bildungswesens im Vereinigten Königreich und Deutschlands, in Cedefop Berufsbildung Nr. 7/1996, S. 32.
[103] BMBF: Berufsbildungsbericht 2008, Tabelle 1, S. 310.

berufliche Anbieter oder die Volkshochschulen.[104] Eine Übersicht über die Grundstruktur des deutschen Bildungswesens ist im Anhang in der Abbildung 12 zu finden. Das deutsche Bildungssystem sieht vor, den Menschen lebenslang zu begleiten.

Der Bildungsrahmen wird national durch die Regierung vorgegeben, eine Ausgestaltung des Bildungssystems fällt jedoch in die Zuständigkeit der einzelnen Bundesländer.[105] In Deutschland versuchen staatliche Regelungen zu erreichen, dass jeder Jugendliche einen Ausbildungs- und Arbeitsplatz erhält.[106] Die Reformen im Hochschulbereich durch den Bologna-Prozess wurden bereits in Kapitel 2.1 erwähnt. Deutschland hat den Kopenhagen-Prozess aktiv mitgesteuert und setzt die dort entwickelten, europäischen Instrumente Europass, EQF, ECVET sukzessive im Bildungsbereich um.[107] Einflüsse der EU-Bildungspolitik sind insofern auch national erkennbar, obwohl die Bildungspolitik hoheitliche Aufgabe der Bundesländer ist und Details daher in jedem Bundesland differenziert geregelt sind. Der Deutsche Qualifikationsrahmen (DQR), als nationale Umsetzung des EQR, befindet sich noch im Aufbau.[108]

Ziel der Arbeitsmarktpolitik und -reformen der vergangenen Jahre war es, mit umfassenden Investitionen in das Humankapital den Anforderungen der globalen Wirtschaft auf nationaler und lokaler Ebene gerecht zu werden. Der Aufgabenschwerpunkt der Bundesagentur für Arbeit als Arbeitsverwaltungsinstitution liegt bei der Berufsberatung und den damit zusammenhängenden Maßnahmen sowie der Förderung der Erwachsenenbildung. Diese Konzentration auf die berufliche Bildung ist nach wie vor eines der typischen Merkmale der deutschen Arbeitsmarktverwaltung, auch wenn die Massenarbeitslosigkeit in Ostdeutschland und das Problem der Langzeitarbeitslosigkeit für eine gewisse Prioritätenverschiebung hin zur Arbeitsvermittlung gesorgt hat.[109]

Die Empfehlungen der Hartz-Kommission führten 2002 zu einer Reform der Arbeitspolitik und zu einigen tiefgreifenden Veränderungen in der staatlichen Arbeitsmarktverwaltung. Maßnahmen waren beispielsweise die Gründung von Jobcentern mit dem Motto „fördern und fordern". Diese zeichnen sich durch eine geringere Fallzahl für die Arbeitsvermittler, individuellere Beratung, Profiling und Verträge mit Zeitarbeitsagenturen aus.[110] Die staatliche Arbeitsmarktpolitik basiert auf einer Mischung strategischer Konzepte und Programme, die aus aktiven Maßnahmen zur Förderung von Arbeitsmarktintegration, Präventivmaßnahmen zur Vermeidung von Arbeitslosigkeit sowie Maßnahmen für spezifische Zielgruppen (Langzeitarbeitslose, Jugendliche, Frauen) bestehen.

Den Agenturen für Arbeit wurde durch das eingeführte „Management by Objectives" (MBO) mehr Selbständigkeit eingeräumt. Die Regierung gibt demnach nur noch allgemeine Ziele

---

[104] Vgl. Eurydice: Das Bildungswesen in der Bundesrepublik Deutschland 2007, Darstellung der Kompetenzen, Strukturen und bildungspolitischen Entwicklungen für den Informationsaustausch in Europa, 2008, S. 33 ff.
[105] Vgl. Art. 30, 70, 74, 91b Grundgesetz für die Bundesrepublik Deutschland.
[106] Vgl. Hammer, H.D.: Modulare Aus- und Weiterbildung – Vergleichende Betrachtung des Bildungswesens im Vereinigten Königreich und Deutschlands, in Cedefop Berufsbildung Nr. 7/1996, S. 32.
[107] Vgl. Eurydice: Das Bildungswesen in der Bundesrepublik Deutschland 2007, Darstellung der Kompetenzen, Strukturen und bildungspolitischen Entwicklungen für den Informationsaustausch in Europa, 2008, S. 279.
[108] Vgl. Homepage DQR: http://www.deutscherqualifikationsrahmen.de, sowie BMBF http://www.bmbf.de/de/12189.php, letzter Zugriff am 01.07.2009.
[109] Vgl. OECD Studie: More than Just Jobs - Workforce Development in a Skills-Based Economy, 2008, S. 11 ff.
[110] Vgl. OECD Studie: More than Just Jobs - Workforce Development in a Skills-Based Economy, 2008, S. 111 ff.

vor, statt wie bisher umfassend alle arbeitsmarktpolitischen Maßnahmen durch Gesetze zu regeln.[111]

Die Bundesagentur für Arbeit nutzt insbesondere folgende Instrumente zur Förderung des Humankapitals:[112]

1. Kunden können einen sogenannten *Bildungsgutschein* (BGS) für die gezielte Weiterbildung erhalten. Mit dem BGS können sie sich über einen entsprechenden Träger für eine Weiterbildung/ Ausbildung/ Umschulung anmelden. Die Kosten übernimmt dann entweder das Jobcenter oder die Bundesagentur für Arbeit.
2. Die zweite Möglichkeit der Weiterbildung sind *Trainingsmaßnahmen* (TM). Diese werden direkt vom Jobcenter/ der Bundesagentur für Arbeit eingekauft und vermittelt. Trainingsmaßnahmen sind z.B.: Bewerbungstraining, Grundkenntnisse im Einzelhandel, EDV-Kenntnisse, Kenntnisse für Lager/ Transporttätigkeiten, Kenntnisse des Hotel-/ Gaststättengewerbes, Pflegeberufe, Wachschutz)
3. In der *Maßnahme „Orientierung und Aktivierung"* wird in einem zweiwöchigen Seminar versucht herauszufinden, welche Fähigkeiten oder Interessen der Kunde hat und wie diese auf dem Arbeitsmarkt eingesetzt werden können.

Die Mitarbeiter der Arbeitsverwaltungen sollen gezielt darauf achten, welche Fortbildungen oder gar Umschulungen für den Kunden Sinn machen. Es kann etwa vorkommen, dass der Kunde eine abgeschlossene Ausbildung hat, ihm aber dennoch bestimmte Kenntnisse, die viele Arbeitgeber verlangen, fehlen. Dann wird eine entsprechende Weiterbildung bewilligt. Wenn ein Kunde eine Ausbildung oder Umschulung machen will, mit der er keine großen Chancen auf dem ersten Arbeitsmarkt hat, wird diese nicht genehmigt. Bei Kunden, die bisher noch gar keine Ausbildung absolviert haben, ist die Förderung einer Ausbildung eher zu ermöglichen.

Eine immer größere Zahl der Schulabgänger aus der Sekundarstufe II nimmt Lehrstellen an. Dies deutet darauf hin, dass höherwertige Lehrstellen gefragt sind.[113] Zusätzlicher Druck auf das System der beruflichen Bildung entstand durch den Übergang zu einem System der Bachelor-/ Master-Studiengänge in der Hochschulbildung, hervorgerufen durch den Bologna-Prozess. Dass diese Anpassung im deutschen Hochschulbereich nicht immer zu einer Zufriedenheit der Studierenden geführt hat, haben die Kritik und Demonstrationen gegen dieses Studiensystem in jüngster Zeit gezeigt.

Dass die Beteiligung der Bevölkerung an Weiterbildungsangeboten im internationalen Vergleich in Deutschland relativ gering ist, war ausschlaggebend für ein Engagement der Bundesregierung im Bereich lebenslanges Lernen. Das Bundesministerium für Bildung und Forschung (BMBF) setzte sich das Ziel, bis zum Jahre 2015 bei der erwerbstätigen Bevölkerung eine erhöhte Beteiligung an allen Lernformen zu erreichen.[114] Um diese Ziele verwirklichen zu können, wurden eine Reihe von Maßnahmen geplant und teilweise bereits initiiert, z.B. finanzielle Anreize zum Lernen und Weiterbilden in Form einer Bildungsprämie[115], eine ver-

---

[111] Vgl. Schütz, H.: Controlling von Arbeitsverwaltungen im internationalen Vergleich, 2003, S. 21 ff.
[112] Die Angaben beruhen auf Aussagen von Arbeitsvermittlern des Jobcenters Tempelhof-Schöneberg in Berlin. Die Ansprechpartner können auf Anfrage genannt werden.
[113] Vgl. Hillmert, S./ Jacob, M.: Multiple Episodes: Training Careers in a Learning Society, 2004, S. 8.
[114] Vgl. Homepage Arbeitsgemeinschaft für Bildung in Deutschland: http://www.bildung-fuer-deutschland.de/lebenslanges-lernen.html, letzter Zugriff am 22.06.2009.
[115] Vgl. Homepage BMBF/ Bildungsprämie: http://www.bmbf.de/de/7342.php, letzter Zugriff am 22.06.2009.

besserte Transparenz der Angebote durch die Optimierung der Bildungsberatung sowie eine regelmäßige Überprüfung der Qualität der Weiterbildungsangebote. Weitere staatliche Handlungsaktivitäten werden in Kapitel 6 behandelt.

## 3.3 Die jüngsten Entwicklungen auf dem britischen Bildungs- und Arbeitsmarkt

Großbritannien hat ein fünfstufiges Bildungssystem, welches mit dem Elementarbereich beginnt. Bis zu ihrem elften Lebensjahr besuchen Schüler die Primary School und treten danach in die Sekundarbereiche I und II ein. Hier gibt es – ähnlich wie in Deutschland – unterschiedliche Schulformen (z.B. Middle School, Secondary Grammar School, Comprehensive School). Ab dem 18. Lebensjahr kann eine Universität besucht oder nach 11 Jahren Schulbesuch eine berufliche Ausbildung begonnen werden. Für einen Schulbesuch über die Pflichtzeit hinaus werden teilweise hohe Gebühren fällig.[116]

Das System der allgemeinen und beruflichen Bildung ist in England, Wales, Schottland und Nordirland unterschiedlich geregelt, die folgende Darstellung bezieht sich allein auf England und Wales. Alle Gebiete sind für Bildungs- und Qualifikationsmaßnahmen durch ihre eigenen Bildungsministerien eigenverantwortlich zuständig, ähnlich wie in Deutschland.[117] Das Berufsbildungssystem in Großbritannien unterscheidet sich jedoch sehr vom deutschen. Grundsätzlich kann jede Person eine berufsorientierte Prüfung ablegen. Wie, wann und wo die dafür notwendigen Kenntnisse erworben wurden, spielt keine Rolle. Es werden die tatsächlichen Fähigkeiten des Auszubildenden bewertet. Dies beruht auf dem Prinzip der Kombination anrechenbarer Lerneinheiten, so dass Kompetenzeinheiten auf unterschiedlichste Weise und ohne festgelegten zeitlichen Rahmen erworben und anschließend entsprechend dem Baukastenprinzip zu einem Abschluss (z.B. National Vocational Qualifications) zusammengefasst werden können.[118] Berufsbildung wird hierbei teilweise von Weiterbildungseinrichtungen, Ausbildungsanbietern und Arbeitgebern erteilt.[119]

Das allgemein bekannte britische Kompetenzdefizit führte zu Reformen auf verschiedenen Ebenen der beruflichen Bildung in den 90er Jahren. Eine Entwicklung war die Ausweitung der allgemeinen nationalen beruflichen Qualifikationssysteme durch eine Modularisierung und Kompetenz-Zertifizierung (output-orientierte Zertifizierung).[120] Die Vergabe von Befähigungsnachweisen erfolgt durch eine Vielzahl unabhängiger zeugniserteilender Gremien, die jeweils inhaltlich unterschiedliche Abschlüsse auf dem Bildungsmarkt anbieten. Breit gefächerte berufsbildende Qualifikationen sind die *General National Vocational Qualifications (GNVQs).* Sie werden in kaufmännischen Bereichen sowie in den Bereichen Gesundheit, Soziales und Informationstechnologie, auf drei verschiedenen Niveaus (Foundation, Intermediate und Advanced) angeboten. In erster Linie sind die GNVQs für Schüler über 16 Jahren konzipiert, die auch nach Ende der Schulpflicht in einer Vollzeitausbildung bleiben. Ziel

---

[116] Vgl. Kastendiek, H./ Rohe, K./ Volle, A. (Hrsg.): Großbritannien, Geschichte-Politik-Wirtschaft-Gesellschaft, 1999, S. 524 ff.
[117] Vgl. Wilson, R./ Lindley, R.: Identifying skill needs in the UK, in: Cedefop Panorama: Systems, institutional frameworks and processes for early identification of skill needs, 2007, S. 26.
[118] Vgl. Homepage der Qualifications and Curriculum Authority (QCA): http://www.qca.org.uk/qca_6640.aspx, letzter Zugriff am 01.07.2009.
[119] Vgl. Homepage der britischen Regierung Directgov: http://www.direct.gov.uk/en/EducationAndLearning/ QualificationsExplained/DG_10039029, letzter Zugriff am 22.06.2009.
[120] Vgl. Mayer, K.U./ Solga, H.: Skill Formation, Interdisciplinary and cross-national perspectives, 2008, S. 68 ff.

ist die Einführung in einen Berufssektor als Vorbereitung für den Eintritt in ein apprenticeship (ähnlich einer Lehre) oder direkt in das Berufsleben.[121]

Neben den GNVQs gibt es im Bereich Berufsbildung die *National Vocational Qualifications (NVQs)* für tätigkeitsspezifische Berufsausbildung, die insbesondere für Schüler konzipiert sind, die nicht mehr an einer Vollzeitausbildung teilnehmen. Auch Erwachsene können NVQs erwerben.[122] Zurzeit gibt es ca. 700 nationale berufliche Befähigungsnachweise und fast 2000 weitere berufliche Qualifikationen.[123] Ein Überblick über die allgemeine berufliche Bildung befindet sich im Anhang, Abbildung 13. Berufsqualifikationen werden demnach Stufe für Stufe erlangt.

Im Sinne der Umsetzung des EQR, als Vorgabe der EU, wurde ein klar umrissener *nationaler Qualifikationsrahmen (NQF)* erstellt (vgl. Anhang Abb. 14), der die NVQs integriert.[124]

Auf dem Arbeitsmarkt versuchte der britische Staat als Akteur die hohe Arbeitslosigkeit (insbesondere Mitte der 90er Jahre) und das Kompetenzdefizit der Arbeitskräfte durch die Schaffung von lokalen „Learning and Skills Councils" (LSCs), „Regional Development Agencies" (RDAs) sowie der Gründung von „Jobcentre Plus" zu bekämpfen. Dadurch wurde ein System halbstaatlicher Institutionen aufgebaut, das die Akteursstrukturen im Bereich der britischen Berufsbildung stärken soll. Diese Institutionen sollen eine Vermittlung zwischen Weiterbildungswünschen von Arbeitskräften, dem Qualifikationsbedarf der Wirtschaft, dem Bildungsangebot und der Finanzierung der Qualifizierungsmaßnahmen gewährleisten.[125]

Kernaufgabe der englischen *Regional Development Agencies (RDAs)* ist die Stärkung der regionalen Wettbewerbsfähigkeit und der wirtschaftspolitische Ausgleich regionaler Strukturschwächen. Hierzu sind die RDAs angehalten, den Qualifikationsbedarf der in der jeweiligen Region vertretenen Unternehmen aufzudecken, um diese Informationen zur nachfrageorientierten Ausrichtung des Bildungsangebotes und vor allem zur gezielten Steigerung der Bildungsaktivität der Arbeitskräfte weiterzuleiten.[126]

Auch die arbeitgebergeführten *Sector Skills Councils (SSCs)* zielen auf die Ermittlung des Qualifikationsbedarfs ab. Arbeitgeber, Gewerkschaften, Fachverbände und die Regierung kommen in SSCs zusammen, um Qualifikationskriterien zu entwickeln, die Unternehmen benötigen.[127] Durch dieses Netzwerk sollen Institutionen im Bereich der Aus- und Weiterbildung aktive Kooperationen eingehen. SSCs sollen als strategische Organisationen Kapazitäten aufbauen, die systematisch den Bedarf der Sektoren analysieren.[128] Unter Kapitel 4.2.2 wird auf die RDAs und die Sector Skills Councils noch näher eingegangen.

---

[121] Vgl. Hammer, H.D.: Modulare Aus- und Weiterbildung – Vergleichende Betrachtung des Bildungswesens im Vereinigten Königreich und Deutschlands, in Cedefop Berufsbildung Nr. 7/1996, S. 30.
[122] Vgl. Mayer, K.U./ Solga, H.: Skill Formation, Interdisciplinary and cross-national perspectives, 2008, S. 69 ff.
[123] Vgl. Coles, M.: Qualifikationen für die Zukunft gestalten, in Cedefop.: Ermittlung künftiger Qualifikationserfordernisse, 2005, S.99.
[124] Vgl. Qualifications and Curriculums Authority (QCA): http://www.qca.org.uk/qca_5967.aspx, letzter Zugriff am 17.07.2009.
[125] Vgl. Schröter, S.: Berufliche Weiterbildung in Großbritannien für gering qualifizierte Arbeitskräfte, 2003, S. 54.
[126] Vgl. Homepage der englischen RDAs: http://www.englandsrdas.com/, letzter Zugriff am 05.07.2009.
[127] Vgl. Internationales Arbeitsamt Genf (IAA), Internationale Arbeitskonferenz: Bericht V, 97. Tagung 2008, S. 27.
[128] Vgl. Homepage Sector Skills Councils: http://www.sscalliance.org/, letzter Zugriff am 22.06.2009.

*Jobcentre Plus* kann als funktionales Äquivalent zu den deutschen Agenturen für Arbeit betrachtet werden.[129] Es handelt sich dabei um eine Regierungsbehörde zur Unterstützung von Personen im erwerbsfähigen Alter bei der Arbeitssuche sowie bei der Arbeitskräftevermittlung für Arbeitgeber. Diese ist Teil der ministeriellen Abteilung für Arbeit und Renten (Department for Work and Pensions/ DWP). Jobcentre Plus bietet mit einer Website Informationen zur Arbeitssuche, Hilfe und Beratung bei Beschäftigung und Ausbildung sowie finanzielle Hilfe.[130]

Die *Learning and Skills Councils (LSCs)* wurden 2001 in England eingerichtet, um die Bürger besser zu qualifizieren. Es gibt einen nationalen und viele regionale LSCs. Sie sind für die allgemeine und berufliche Aus- und Weiterbildung der über 16-Jährigen zuständig. LSCs sind nicht-ministerielle öffentliche Einrichtungen. Sie sollen die Erwerbsbeteiligung von jungen Menschen erhöhen, die Nachfrage nach Erwachsenenbildung steigern, das Niveau für eine verbesserte nationale Wettbewerbsfähigkeit anheben sowie die Qualität der allgemeinen und beruflichen Bildung verbessern. Vision ist, dass bis zum Jahr 2010 Jugendliche und Erwachsene in England über die notwendigen Kenntnisse und Fähigkeiten verfügen, um auf dem internationalen Arbeitsmarkt wettbewerbsfähig zu sein.[131] Den LSCs kommt damit eine wesentliche Rolle bei der Implementierung von Qualifikationsmaßnahmen zu.

Nachfolgende Abbildung stellt die Vielzahl der Arbeitsmarktakteure in Zusammenhang mit Bildungsakteuren dar und verdeutlicht damit die Komplexität der britischen Berufsbildungsstruktur. Eine weitere tabellarische Übersicht zur Verdeutlichung der Akteure befindet sich im Anhang, Abbildung 15.

---

[129] Vgl. Schütz, H.: Controlling von Arbeitsverwaltungen im internationalen Vergleich, 2003, S. 9.
[130] Vgl. Homepage JobCentre Plus: http://www.jobcentreplus.gov.uk, letzter Zugriff am 22.06.2009.
[131] Vgl. Homepage Learning and Skills Councils: http://www.lsc.gov.uk/, letzter Zugriff am 22.06.2009.

**Abb. 7: Akteursstrukturen im Bereich der britischen Berufsbildung (Darstellung für England)**

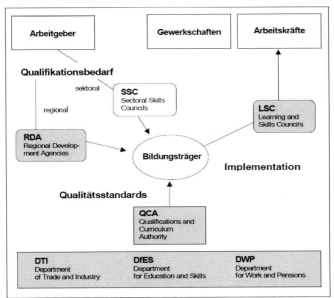

**Quelle**: Schröter, S.: Berufliche Weiterbildung in Großbritannien für gering qualifizierte Arbeitskräfte, 2003, S. 28.

Wie bereits einleitend erwähnt, entspricht das britische Sozialsystem dem liberalen Wohlfahrtsstaat: Das Niveau staatlicher Transferzahlungen ist niedrig.[132] Seit der Kompetenzagenda 2003 unter Tony Blair wird eine Politik mit aktivierenden Arbeitsmarktprogrammen verfolgt.[133] *New Deal* ist hierbei ein Programm, das Menschen, die Sozialleistungen beziehen, Hilfe und Unterstützung bietet, um ihnen bei der Suche nach Arbeit oder Ausbildung sowie in der Vorbereitung auf die Arbeit zu helfen. Es soll eine neue Balance zwischen sozialen Mindeststandards und der ökonomischen Wettbewerbsfähigkeit dadurch geschaffen werden, dass Arbeitslose zur Aufnahme von Qualifikationsmaßnahmen gezwungen werden, um deren Beschäftigungsfähigkeit zu erhöhen.[134]

Für junge arbeitslose Menschen ist New Deal ein obligatorisches Programm. Allgemeine und berufliche Bildung werden als eine Option zur Wiedereingliederung junger Arbeitsloser in den Arbeitsmarkt betrachtet. Diese Neuerungen wurden beschlossen, da die Briten im Vergleich zu anderen EU-Ländern, insbesondere im Bereich der Grundfähigkeiten der Arbeitskräfte, schwache Leistungen, einen relativ geringen Anteil von Beschäftigten mit mittlerer Qualifikation und ein sehr niedriges Niveau bei Investitionen in die Ausbildung von Seiten der Arbeitgeber hatten.[135]

---

[132] Vgl. Koch, M.: Arbeitsmärkte und Sozialstrukturen in Europa, 2003, S. 183.
[133] Vgl. OECD Studie: More than Just Jobs - Workforce Development in a Skills-Based Economy, 2008, S. 145 ff.
[134] Vgl. Koch, M.: Arbeitsmärkte und Sozialstrukturen in Europa, 2003, S. 192.
[135] Vgl. Mayer, K.U./ Solga, H.: Skill Formation, Interdisciplinary and cross-national perspectives, 2008, S. 69.

Es wurde außerdem ein *London Skills and Employment Board* geschaffen, welches eine Strategie und einen jährlichen Plan für Erwachsenenqualifikation entwickelt.[136] Diese zwei Dokumente informieren den nationalen LSC über die Ausgaben zur Qualifizierung von Erwachsenen in London. Außerdem wurde 2006 das Grünbuch „A new deal for welfare in 2006"[137] verabschiedet, um die Ergebnisse im Bereich welfare-to-work (Arbeit statt Sozialhilfe) zu verbessern.[138]

Ein zusätzlicher Teil der Reformen ist die Einführung von weiterführenden Lehr- und Ausbildungsmöglichkeiten, mit dem Versuch, zwischen den vielen Arbeitsmarktakteuren neue Beziehungen zu etablieren. Es gibt jedoch keine einheitlichen Vorgaben, wie z. B. Vorschriften über die Dauer oder die Methoden des Lehrunterrichts.[139] Der Beginn einer Ausbildung ist in Großbritannien nicht so üblich wie in Deutschland. 2007/2008 begannen insgesamt 224.800 Personen eine Ausbildung und 112.600 Personen beendeten eine Lehre.[140] Dies ist ein hoher Anstieg verglichen zu 2003/2004, wo nur 49.300 Personen eine Lehre begannen.[141] Die Zahlen belegen jedoch nicht, wie viele Arbeitskräfte nach Beendigung ihrer Ausbildung eine Arbeitsstelle bekommen haben.

Zusätzlich wurden Partnerschaften zwischen Beschäftigungsagenturen und anderen Arbeitsmarktakteuren in Form von *Regional skills alliances* begründet, welche die Lücke zwischen wirtschaftlicher Entwicklung und Arbeitsmarktpolitik schließen sollen, um nationale und lokale Ziele besser zu harmonisieren, Ressourcen zu mobilisieren sowie die größtmögliche Wirkung zu erreichen.[142]

Weiterhin wurde die *Universität für Industrie* gegründet, ein Institut mit bedarfsgerechten Kurs- und Informationsangeboten, welches mit *learndirect* eine E-Learning Plattform geschaffen hat. Es wurde das Netzwerk „Skills for Business" aus verschiedenen Unternehmen und Organisationen initiiert, um die Rolle der Arbeitgeber in der Skills Agenda zu stärken. Durch die Errichtung von Zentren für berufliche Fähigkeiten (*Centres of Vocational Excellence*) ist ein Netzwerk für die Aus- und Weiterbildung sowie für die berufliche Qualifizierung in spezifischen Berufszweigen entstanden, um frühzeitig die zukünftig erforderlichen Fertigkeiten von Arbeitnehmern zu erkennen.[143]

Ziel genannter britischer Regierungsmaßnahmen unter Blair war die Rationalisierung des Qualifikationssystems. Erst wurden Problemgruppen definiert - Jugendliche, Langzeitarbeitslose, Alleinerziehende, Behinderte, Ältere -, dann vor dem landesweiten Einsatz Programme für jede Gruppe in zwölf Regionen getestet. Seitdem hat jeder arbeitslose Brite das Recht auf einen Aktionsplan, den er gemeinsam mit dem Arbeitsamt ausarbeitet – aber auch die Pflicht, jede Offerte anzunehmen. Sonst verliert er einen Großteil der Ansprüche.

---

[136] Vgl. Homepage London Skills and Employment Board (LSEB): http://www.london.gov.uk/lseb/, letzter Zugriff am 22.06.2009.
[137] Vgl. Homepage British Department for Work an Pensions (DWP): http://www.dwp.gov.uk/welfarereform/, letzter Zugriff am 22.06.2009.
[138] Vgl. OECD Studie: More than Just Jobs - Workforce Development in a Skills-Based Economy, 2008, S. 145 ff.
[139] Vgl. Mayer, K.U./ Solga, H.: Skill Formation, Interdisciplinary and cross-national perspectives, 2008, S. 68 ff.
[140] The Data Service, National Statistics: http://www.thedataservice.org.uk/NR/rdonlyres/FF285B3C-3574-4B41-A408-C3801447E642/0/nat_SFR_Post16_Education_and_Skills_June09v6.pdf, letzter Zugriff am 20.06.2007.
[141] Learndirect: http://www.learndirect.co.uk/businessinfo/newsupdates/news/all/2009/march/2995856/, letzter Zugriff am 08.06.2009.
[142] Vgl. OECD Studie: More than Just Jobs - Workforce Development in a Skills-Based Economy, 2008, S. 30 ff.
[143] Vgl. OECD: Skills Upgrading, New Policy Perspectives, 2006, S. 147 – 172.

Durch die Einrichtung von Organisationen wie LSCs, SSDA, SSCs wurde eine Infrastruktur zur Zusammenarbeit bei der Ermittlung des Qualifikationsbedarfs geschaffen.[144] Unter Gordon Brown wurde das DfES aufgelöst, 2007 jedoch das Department for Innovation, Universities and Skills (DIUS) gebildet, das am 06. Juni 2009 in das neu geschaffene Department for Business, Innovation and Skills (BIS) übergegangen ist.[145] Dies verdeutlicht, wie wichtig der britischen Regierung Maßnahmen auf diesem Gebiet sind, um die Arbeitskräfte des Landes wettbewerbsfähig zu machen.

Der Produktivitätszuwachs der letzten Jahre in Großbritannien wird zu einem erheblichen Teil auf die Verbesserung des Humankapitals zurückgeführt. Die Kompetenzerweiterung erfolgte jedoch oft nicht in Form der schulischen Bildung, sondern innerhalb der Hochschulausbildung. Zusammenfassend lässt sich sagen, dass es deutliche Veränderungen in der Qualifikation der Beschäftigten in Großbritannien seit den 90er Jahren gibt. Der Rückgang der Nachfrage nach jungen ungelernten Arbeitskräften setzte ein klares Signal an potenzielle Schulabbrecher, diese reagierten entsprechend und blieben zunehmend nach dem Ende der Pflichtzeit in der Schule.[146] Dies zeigt, dass die Nachfrage nach höherer Bildung im direkten Zusammenhang mit parallelen Änderungen in der Arbeitsmarktnachfrage steht.

## 3.4 Bewertung der Analyseergebnisse und Zwischenfazit

Die Untersuchung der derzeitigen Bildungs- und Arbeitsmarktsituation in Deutschland und Großbritannien beantwortet an dieser Stelle die erste forschungsleitende Ausgangsfrage. Die unter Kapitel 3.1 ausgewerteten statistischen Daten deuten darauf hin, dass Großbritannien in den letzten Jahren große Schritte in Richtung einer allgemeinen Verbesserung der Qualifikation unternommen hat. Arbeitsmarktfehlentwicklungen wurden in beiden Ländern erkannt.

Es ist ersichtlich, dass sowohl in Deutschland als auch in Großbritannien die Anzahl arbeitsloser Jugendlicher im Jahr 2008 höher war als im Jahr 2000 (vgl. Tab. 6). Daraus lässt sich schlussfolgern, dass neben konjunkturellen Einflüssen die initiierten Arbeitsmarktreformen in diesem Bereich nicht erfolgreich waren. Auch belegt die Auswertung der Daten, dass besonders geringqualifizierte Beschäftigte von Arbeitslosigkeit betroffen sind und daher deren Kompetenzen gezielt gefördert werden müssen, um sich den beruflichen Herausforderungen anzupassen.

Die kurze Darstellung der Bildungssysteme verdeutlicht, auf welchen Ebenen Kompetenzen entwickelt werden. In beiden Staaten liegt die Ausgestaltung des Bildungssystems in der Eigenverantwortung der einzelstaatlichen Länder. Unterschiede zeigen sich in dem Erwerb beruflicher Kompetenzen durch eine Ausbildung. Das Berufsbildungssystem ist in Deutschland stark formalisiert, dagegen besitzt Großbritannien ein dezentrales Qualifikationssystem. Während es in Deutschland üblich ist, jungen Menschen durch die Berufsberatung einen Ausbildungsplatz im dualen System zu vermitteln, wurde dieses Vorgehen in Großbritannien erst in den letzten Jahren verstärkt umgesetzt. Bei der Umsetzung des EQR kommt Großbritannien eine Vorreiterrolle zu. Die Unterschiede im Bildungssystem verdeutlichen außerdem,

---

[144] Vgl. Coles, M.: Qualifikationen für die Zukunft gestalten, in Cedefop.: Ermittlung künftiger Qualifikationserfordernisse, 2005, S.98.
[145] Vgl. Department for Business, Innovation and Skills (BIS) Homepage: http://www.bis.gov.uk/bis-announcement, letzter Zugriff am 17.07.2009.
[146] Vgl. Mayer, K.U./ Solga, H.: Skill Formation, Interdisciplinary and cross-national perspectives, 2008, S. 68 ff.

dass es in Großbritannien einfacher ist, informell erlernte Kompetenzen zertifizieren zu lassen, ohne einen Nachweis, wie das Wissen erlangt wurde.

Die verschiedenen Reformversuche des Systems der beruflichen Aus- und Weiterbildung in Großbritannien vermitteln den Eindruck, dass es viele Veränderungen und Experimente gegeben hat, ohne schließlich das Defizit in den beruflichen Qualifikationen zu bekämpfen.[147] Das englische Ausbildungssystem der allgemeinen und beruflichen Weiterbildung ist im Bereich des lebenslangen Lernens zwar erfolgreicher als das deutsche (vgl. Tabelle 7), jedoch hat Großbritannien im Vergleich zu Deutschland eine höhere Quote bei der Jugendarbeitslosigkeit (vgl. Tabelle 6). Das britische Übergangssystem von der Schule in das Berufsleben scheint hierbei einige Defizite aufzuweisen. Es stellt sich daher die Frage, ob die in der Schule vermittelten Kompetenzen nicht auf die erforderlichen Qualifikationen zur Besetzung einer Arbeitsstelle abgestimmt sind oder ob das Nichtvorhandensein einer klassischen Ausbildung nach deutschem Verständnis dazu beiträgt.

Die höhere Bereitschaft zur Teilnahme am lebenslangen Lernen in Großbritannien als in Deutschland, lässt darauf schließen, dass dort mehr Menschen bereit sind, einen anderen Job auszuführen oder umzuschulen. Dies wird durch die ein Drittel geringere Quote der freien Stellen ggü. Deutschland bekräftigt. In Großbritannien gibt es scheinbar viele Akademiker und viele geringqualifizierte Arbeitskräfte, aber eine fehlende mittlere Qualifikationsebene. Demnach besteht die erhöhte Notwendigkeit, dort auch die mittlere Bildungsschicht zu fördern. Das Fehlen entsprechender britischer Fachkräfte mittlerer Qualifikation (z.B. Handwerker) wird auch durch die einleitend erwähnte enorme Anwerbung von Arbeitskräften aus dem Ausland belegt (vgl. Kapitel 1.1).

Es ist anzunehmen, dass der Fachkräftemangel in Deutschland dadurch begründet ist, dass zu wenige Arbeitskräfte an einer Weiterbildungsmaßnahme teilnehmen. In Großbritannien könnte es daran liegen, dass die berufliche Erstausbildung unzureichend erfolgt und damit die mittlere Qualifikationsebene fehlt. Anzuerkennen ist, dass durch die Reformen die Anzahl der britischen Lehrlinge anstieg.[148]

Zwischen Bildungsstand und Erfolg am Arbeitsmarkt besteht ein zunehmend enger werdender Zusammenhang. Die OECD stellte in einer Studie von 2007 für Deutschland fest, dass die Ausbildung über einen Abschluss des Sekundarbereiches hinaus das Risiko mindert, arbeitslos zu werden.[149] Besondere Probleme für das deutsche duale Ausbildungssystem sind vor allem durch die wirtschaftliche Lage in Ost-Deutschland entstanden, in denen keine angemessene Unternehmensstruktur zur Ausbildung von Schulabgängern besteht. Diese problematische Situation von geringqualifizierten Jugendlichen wird durch die Tatsache verstärkt, dass ein zunehmender Anteil der Absolventen von höheren Schulen eine duale Berufsausbildung wahrnimmt, oft in Kombination mit einer Hochschulbildung. Reformen, wie die Änderung des deutschen Berufsbildungsgesetzes im Mai 2005, haben zu einigen Verbesserungen geführt.[150]

---

[147] Vgl. Mayer, K.U./ Solga, H.: Skill Formation, Interdisciplinary and cross-national perspectives, 2008, S. 69.
[148] Von 76.000 Lehrlingen in 1997 auf 256.000 Lehrlingen in 2005. Quelle: Leitch Review of Skills, Final Report, 2006, S. 10.
[149] Vgl. OECD: Bildung auf einen Blick 2007 – OECD Briefing Notes für Deutschland, 2007, S. 6.
[150] Vgl. Homepage des Bundesministeriums für Bildung und Forschung: Reform der Berufsbildung, http://www.bmbf.de/de/1644.php, letzter Zugriff am 18.06.2009.

Die beispielhaften Erläuterungen der Arbeitsmarktreformen veranschaulichen die Bemühungen der jeweiligen Regierung, im Bildungsweg erworbene Kompetenzen und Qualifikationen den Arbeitsmarkterfordernissen anzupassen. Dies zeigt, dass die vorhandenen Kompetenzdefizite von staatlicher Seite erkannt wurden und durch Änderungen bekämpft werden sollen. Bei den Maßnahmen von New Deal und der Hartz-Reform sind Parallelen erkennbar. Ein Hindernis bei der erfolgreichen Umsetzung der Arbeitsmarktreformen in Deutschland und Großbritannien ist aber die nicht ausreichend erfolgte, jedoch zwingend erforderliche Anpassung der Bildungssysteme an die vom Arbeitsmarkt geforderten Fertigkeiten. Es ist hierbei wichtig, lokale Arbeitsverwaltungen für die Entwicklung der regionalen Wirtschaft und die entsprechende Weiterbildung der Arbeitlosen zu sensibilisieren.

Die OECD bemängelt in ihrer Studie „More than just jobs", dass die Jobcenter-Reform in Deutschland hauptsächlich darauf ausgerichtet ist, das Problem der Aufteilung von Dienstleistungen der Bundesagentur, welche für die Beschäftigungsforderung zuständig ist, und den lokalen Behörden, welche die soziale Unterstützung von Arbeitslosen zur Aufgabe haben, zu beseitigen. Das Jobcentermodell schafft jedoch nicht das Defizit ab, dass die Arbeitsverwaltung die Arbeitslosigkeit in erster Linie als individuelles Problem jeder Person sieht und Arbeitslose entsprechend der erforderlichen Kompetenzen qualifizieren muss.[151] Positiv kann jedoch hervorgehoben werden, dass durch die größere Selbständigkeit der regionalen Agenturen für Arbeit individuell auf die lokalen Belange eingegangen werden kann.

Traditionell sind geringqualifizierte Arbeitnehmer eine der ausgeprägtesten Problemgruppen des deutschen, aber auch des britischen Arbeitsmarktes,[152] und müssen gezielt eine Weiterbildung erfahren. Regionen, die durch den demographischen Wandel über wenig qualifiziertes Personal verfügen, müssen verstärkt über eine „Anwerbung" von Arbeitskräften aus dem In- und Ausland nachdenken. Der Wechsel von niedrig zu hoch entwickelter Technologie erfordert äquivalente Fachkräfte. Die Integration benachteiligter Arbeitskräfte durch Arbeitsmarktpolitik und Weiterbildungssysteme sowie die Weiterbildung von Beschäftigten sind ausschlaggebend für eine erfolgreiche soziale Kohäsion.

Die Notwendigkeit, Qualifikationen von Beschäftigten zu verbessern, ergibt sich somit aus dem Fachkräfte- und Qualifikationsmangel sowie der erforderlichen Erhöhung des Produktivitätswachstums, insbesondere in der jetzigen weltweiten Wirtschafts- und Finanzkrise. Kompetenzerweiterung ist Teil des Prozesses des lebenslangen Lernens. Die Erkenntnis, wie wichtig Investitionen in das Humankapital sind, hat das Profil von Erwachsenen-Qualifizierungsmaßnahmen in den letzten Jahrzehnten verändert. Aber es gibt wenige Angebote speziell zur Weiterbildung von geringqualifizierten Arbeitnehmern.[153] Die mangelhafte Koordinierung von öffentlichen Beschäftigungsangeboten und Weiterbildungsmöglichkeiten verschlimmert Kompetenzdiskrepanzen und damit das Problem der Arbeitslosigkeit.

Zusammenfassend ist ersichtlich, dass eine Mischung von Aktionen und Reformen sowie eine flexiblere Handhabung der Maßnahmen im Bildungs- und Arbeitsmarktbereich erforderlich sind. Aufgrund der vorhandenen Defizite, die durch die erfolgte statistische Auswertung belegt wurden, scheint es unumgänglich, dass die Regierungen weitere, umfangreichere

---

[151] Vgl. OECD Studie: More than Just Jobs - Workforce Development in a Skills-Based Economy, 2008, S. 111 ff.
[152] Vgl. Eichhorst, W./ Thode, E: Jüngere Arbeitsmarktentwicklungen – Benchmarking Deutschland Aktuell, 2003, S. 34 ff.
[153] Vgl. OECD Studie: More than Just Jobs - Workforce Development in a Skills-Based Economy, 2008, S. 36 ff.

Maßnahmen initiieren müssen, um den vorhandenen Schwierigkeiten bei der Weiterbildung entgegenzuwirken, insbesondere bei geringqualifizierten Arbeitnehmern und arbeitslosen Jugendlichen. Als weiteres Problem wurde die Diskrepanz bei der Besetzung von Stellen mit geeigneten Arbeitskräften erkannt. Bildungsangebote müssen besser auf die Belange und langfristigen Herausforderungen der Wirtschaft abgestimmt werden.

Auch verdeutlicht die Analyse die Notwendigkeit einer jeden Arbeitskraft „über den Tellerrand hinaus" zu blicken. Von der Ausbildung bis zum Renteneintritt ohne Weiterbildung im selben Beruf zu bleiben, ist heutzutage schwerer möglich als früher. Der Wandel der Arbeit erfordert lebenslanges Lernen, um im Berufsalltag mithalten zu können. Mit dem Gegensteuern bei Arbeitsmarktfehlentwicklungen durch die genannten Maßnahmen einher geht auch die Verminderung der Arbeitslosenquote und der Quote der offenen Stellen. Eine Verbesserung der staatlichen Steuerungsmechanismen im Bildungs- und Arbeitsmarktsystem ist daher erforderlich.

Wichtig zu wissen ist es für
- Schulabgänger, mit welcher Ausbildung oder Studienrichtung in Zukunft Chancen auf einen Arbeitsplatz bestehen;
- Beschäftigte, welche Kompetenzen sie sich aneignen müssen, um beruflich bestehen zu können;
- Arbeitslose, welche Qualifikationen erforderlich sind, um eine Arbeitsstelle zu finden.

Nachfolgend wird daher untersucht werden, mit welchen Initiativen und Prognoseverfahren zur Früherkennung von Qualifikationsanforderungen diese Defizite in Deutschland und Großbritannien gelöst werden sollen.

# 4 Prognosemethoden zur Früherkennung von Qualifikationserfordernissen

## 4.1 Theoretischer Vergleich der Prognoseansätze

Hilbert/ Mytzek gingen 2002 davon aus, dass die positive Wirkung von Qualifizierungsmaßnahmen durch eine Abstimmung der Arbeitsangebots- mit der Nachfrageseite erhöht werden kann.[154] Wie bereits unter Kapitel 3.4 erkannt, muss Qualifizierungspolitik hinsichtlich Wiedereingliederungsquoten und Nachhaltigkeit von Beschäftigungsverhältnissen die regionale Arbeitsnachfrage und spezifische Wirtschaftsstrukturen berücksichtigen. Die bereits erläuterten Arbeitsmarktveränderungen, wie der Fachkräftemangel, sind Fehlentwicklungen, die sowohl auf dem deutschen als auch auf dem britischen Arbeitsmarkt auftraten. Ein Grund hierfür war die Betrachtung vergangenheitsorientierter Informationen zu Berufsentscheidungen sowie die Weiterführung bisheriger Entwicklungen, die dann zu dem o.g. Arbeitsmarkt-Mismatch geführt hat.[155]

Der bereits thematisierte Begriff des „Mismatch" auf dem Arbeitsmarkt bezieht sich auf das Auseinanderlaufen von vorhandenen und benötigten Qualifikationen. Hierbei wird zwischen regionalem (keine offenen Stellen in Region A, zu viele offene Stellen in Region B) und sektoralem (Zunahme der Beschäftigung in Branche A, Abnahme der Beschäftigung in Branche B) Mismatch unterschieden,[156] wobei sich nachfolgende Untersuchung auf das sektorale Qualifikationsdefizit und die Nachfrage nach unterschiedlich qualifizierten Arbeitskräften aufgrund veränderter Beschäftigungsformen beschränkt.

Matching bedeutet demnach, Angebot und Nachfrage auf dem Arbeitsmarkt unter Berücksichtigung der Bildungssysteme anzupassen.[157] Fraglich ist hierbei, welche Kompetenzen und Qualifikationen zukünftig nötig sind, um eine sinnvolle Anpassung vorzunehmen und schon frühzeitig im Kompetenzbildungsprozess auf Veränderungen eingehen zu können. Einen Lösungsansatz für die Problematik bietet die Auswertung von Prognosen: Die Bereitstellung von Informationen aus Vorhersagen über zu erwartende Arbeitsmarktentwicklungen kann einem Mismatch und Kompetenzdefiziten entgegensteuern.

Unter dem Begriff Prognose versteht man die Analyse unterschiedlicher Zukunftsszenarien.[158] Durch Prognosen soll „eine systematische Durchdringung der Parameter einer zukünftigen Entwicklung ermöglicht werden, um auf frühe Signale schneller reagieren und situationsbedingt agieren zu können".[159] Früherkennung ist eine Art „Vorausschau", eine strategische Analyse, bei der zukunftsrelevante Informationen zum Aufbauen von Visionen und für gegenwärtige Handlungsentscheidungen genutzt werden.[160]

---

[154] Vgl. Hilbert, C./ Mytzek, R.: Strategische und methodische Ansatzpunkte zur Ermittlung des regionalen Qualifikationsbedarfs, Diskussionspapier WZB, 2002, S. 1.
[155] Vgl. Hilbert, C./ Mytzek, R.: Strategische und methodische Ansatzpunkte zur Ermittlung des regionalen Qualifikationsbedarfs, Diskussionspapier WZB, 2002, S. 1.
[156] Vgl. Puhani, J.: Volkswirtschaftslehre Basiswissen, 2003, S. 121.
[157] Vgl. Lassnigg, L.: Verbesserte Abstimmung von Angebot und Nachfrage in der Berufsbildung durch Antizipation und „Matching-Strategien", Europäische Zeitschrift für Berufsbildung Nr. 44-2008/2, S. 9-26.
[158] Vgl. Cedefop/ BMBF: Ermittlung künftiger Qualifikationserfordernisse, 2005, S. 59.
[159] Hilbert, C./ Mytzek, R.: Strategische und methodische Ansatzpunkte zur Ermittlung des regionalen Qualifikationsbedarfs, Diskussionspapier WZB, 2002, S. 1.
[160] Vgl. Spöttl, G./ Windelband, L.: Berufswissenschaftlicher Ansatz zur Früherkennung von Qualifikationsbedarf, in: Epäische Zeitschrift für Berufsbildung Nr. 39 – 2006/3, S. 73.

Die zielgerichtete Umsetzung der entsprechenden Prognoseergebnisse kann Kosten für Kapazitätsengpässe oder die Unterauslastung von Unternehmen und Bildungsinstitutionen reduzieren und dazu führen, dass die Effizienz der aktiven Arbeitsmarktpolitik erhöht wird.[161] Deutschland und Großbritannien erstellen seit mehreren Jahren regelmäßig Arbeitsmarktprognosen. Ein Teil der Vorhersagen erfolgt regional, um den lokalen und sektoralen Bedarf zu ermitteln und gezielte Regionalförderung – insbesondere mit EU-Mitteln – betreiben zu können.[162] Prognosen zum zukünftigen Qualifikationsbedarf lassen sich in qualitative und quantitative Analysen sowie kombinierte oder ganzheitliche Ansätze unterscheiden. Quantitative Prognosen fanden bisher eher national im Sinne einer Gesamtbetrachtung der Makro-Ebene[163] statt, qualitative Verfahren erfolgten eher auf regionaler Ebene unter Partialbetrachtung (Mikro-Ebene).[164] Nachfolgende Übersicht gibt einen Überblick über die wichtigsten Prognosemethoden.

**Abb. 8: Überblick über Prognosemethoden**

| Quantitative Methoden | Qualitative Methoden | Kombinierte/ ganzheitliche Methoden[165] |
|---|---|---|
| - Arbeitgeber-/Unternehmensbefragungen (*Bedarfsseite*) <br> - Formale Qualifikationsuntersuchungen, z.B. nach Bildungsabschluss (*Angebotsseite*) <br> - Absolventen-Befragungen <br> - Branchen-/Sektorenspezifische Qualifikationsuntersuchungen <br> - Hochrechnungen <br> - Skills Audit[166] <br> - Ökonometrische Modelle <br> - Explorative Techniken | - Delphi-Methode <br> - Fallstudien <br> - Zielgruppenevaluationen <br> - Fokusgruppen <br> - Sektorerkundungen <br> - Trendsetteranalysen <br> - Monitoring <br> - Holistische Modellansätze | - Vorschau <br> - Gemeinsame Diagnosen <br> - Strategieentwicklung <br> - Szenarien <br> - Sektorale/ regionale Observatorien |

**Quelle**: Eigene Darstellung in Anlehnung an Cedefop working paper No 1: System for anticipation of skill needs in the EU member states, 2008, S.12, i.V.m. Hilbert, C./ Mytzek, R.: Strategische und methodische Ansatzpunkte zur Ermittlung des regionalen Qualifikationsbedarfs, Diskussionspapier WZB, 2002, S. 3.

Die Darstellung verdeutlicht die Vielzahl an Verfahren und Methoden. Prognosemodelle basieren auf der (linearen) Konstruktion von Verhaltensmustern, während Szenarien die Veränderungen in solchen Mustern betrachten. Ein Vorteil von Szenarien besteht darin, dass durch die frühzeitige Einbindung von Experten und Interessengruppen eine Antizipation des Wandels erfolgt und somit Widerstände gegen Veränderungen leichter überwunden werden können.[167] Szenarien bilden eine gute Ergänzung von Prognosemodellen. Eine Differenzie-

---

[161] Vgl. Hilbert, C./ Mytzek, R.: Strategische und methodische Ansatzpunkte zur Ermittlung des regionalen Qualifikationsbedarfs, Diskussionspapier WZB, 2002, S. 1.
[162] Vgl. Hilbert, C./ Mytzek, R.: Strategische und methodische Ansatzpunkte zur Ermittlung des regionalen Qualifikationsbedarfs, Diskussionspapier WZB, 2002, S. 2.
[163] Makroökonomischer Ansatz ist die gesamtwirtschaftliche Betrachtung des Verhaltens ganzer Gruppen gleichartiger Wirtschaftssektoren und deren Wechselwirkungen. Vgl. Rittenbruch, K.: Makroökonomie, 2000, S. 4.
[164] Vgl. Hilbert, C./ Mytzek, R.: Strategische und methodische Ansatzpunkte zur Ermittlung des regionalen Qualifikationsbedarfs, Diskussionspapier WZB, 2002, S. 3.
[165] Unter Berücksichtigung globaler sowie sektor- bzw. tätigkeitsspezifischer Trends.
[166] Vgl. z.B. britisches Career Skills for Education Audits: http://escalate.ac.uk/resources/careerskills/31, letzter Zugriff am 24.06.2009.
[167] Vgl. Coles, M.: Qualifikationen für die Zukunft gestalten, in Cedefop.: Ermittlung künftiger Qualifikationserfordernisse, 2005, S.105/107.

rung kann außerdem anhand des Prognosezeitraumes und Intervalls erfolgen. Generell können zwei Hauptziele von Prognosen genannt werden: die Politikfunktion, i.S.d. Unterstützung der Arbeitsmarkt-, Bildungs- und Strukturpolitik; sowie die Informationsfunktion, i.S.d. Schaffung eines transparenten Arbeits- und Weiterbildungsmarktes.[168]

Alle Methoden und Ansätze haben ihre Stärken und Schwächen. Eine Übersicht über die Vor- und Nachteile quantitativer und qualitativer Ansätze befindet sich im Anhang, Abbildung 16. Quantitative Prognosen sind in der Regel umfassend, kohärent und transparent, aber auch anspruchsvoll bezüglich der Daten sowie kostenintensiv in der Durchführung. Außerdem kann nicht alles quantifiziert werden. Ad-hoc-sektorale oder betriebliche Studien sind zwar aussagekräftig bezüglich spezifischer Besonderheiten, aber sie können auch Widersprüche hinsichtlich Branchen oder Gebieten beinhalten.

Umfragen bei Arbeitgebern hinterfragen Kompetenzdefizite und Qualifikationslücken direkt beim Nutzer/ Kunden, aber diese Aussagen können sehr subjektiv, kurzfristig und widersprüchlich sowie auf die Margen der aktuellen Bedürfnisse und freien Stellen ausgerichtet sein und nicht als Hinweis auf Qualifikationsdefizite bei den derzeitigen Arbeitskräften dienen. Fokusgruppen, Observatorien sowie Delphi-Methoden und ganzheitliche Ansätze beteiligen zwar auch direkt den Nutzer/ Kunden, können jedoch ebenfalls unsystematisch, widersprüchlich und subjektiv ausfallen.[169]

Länderspezifisch werden in Deutschland eher berufliche Qualifikationsuntersuchungen durchgeführt, während Großbritannien Szenarien[170] und strategische Ansätze bevorzugt. Dies lässt sich durch die kulturellen Besonderheiten, die Strukturen der Zusammenarbeit mit den Sozialpartnern auf sektoraler und nationaler Ebene sowie vor allem durch das zuvor erläuterte, unterschiedliche System der beruflichen Aus- und Weiterbildung erklären.[171]

Neuere Entwicklungen zeigen jedoch, dass in beiden Ländern zunehmend ein Trend hin zur ganzheitlichen Betrachtung allgemeiner Aspekte von Bildungsanforderungen und einer Mischung qualitativer und quantitativer Methoden zu beobachten ist.[172] Ein eher politikbezogener Ansatz wurde kürzlich in Großbritannien eingeführt, wo die Regierung eine besondere Überprüfung der Kompetenzen in Auftrag gegeben hat (Leitch Review), um die optimale Kompetenzmischung bis zum Jahr 2020 zu identifizieren und damit das Wirtschaftswachstum, die Produktivität und soziale Gerechtigkeit zu fördern und die notwendigen politischen Maßnahmen einzuleiten.[173] Auf den Leitch-Report wird nachfolgend noch eingegangen.

Erhebungen durch Arbeitgeberbefragungen sind eine weit verbreitete quantitative Methode, um Probleme bei der Suche nach geeignetem Personal zu hinterfragen. Die Umfragen sind meistens mit dem Ziel verbunden, kurzfristige Analysen über Engpässe auf nationaler, regionaler oder sektoraler Ebene zu erstellen. Jedoch wird bei solchen Erhebungen oft kritisiert,

---

[168] Lassnigg, Lorenz: Approaches to the anticipation of skill needs in the „Transitional Labour Market" perspective – the Austrian experience, WZB Berlin, 2006, S. 15-16.
[169] Vgl. Cedefop working paper No 1: System for anticipation of skill needs in the EU member states, 2008, S.12.
[170] Szenarien wurden in Großbritannien im Jahr 2002 für verschiedene Pilotsektoren angewendet, z.T. in Zusammenarbeit der Behörde für Bildungsnachweise und Curricula mit Cedefop. Dies waren: Bahn, Güterverkehr und Automobilbranche (bis 2012).
[171] Vgl. Cedefop working paper No 1: System for anticipation of skill needs in the EU member states, 2008, S.13.
[172] Vgl. Hilbert, C./ Mytzek, R.: Strategische und methodische Ansatzpunkte zur Ermittlung des regionalen Qualifikationsbedarfs, Diskussionspapier WZB, 2002, S. 4.
[173] Vgl. Cedefop working paper No 1: System for anticipation of skill needs in the EU member states, 2008, S.13.

dass diese nicht repräsentativ sind und ein statisches Bild ergeben, da sie nur den jeweiligen Teilbereich betrachten. Diese Probleme können jedoch durch die Durchführung von Erhebungen mit einer großen und repräsentativen Stichprobe in regelmäßigen Abständen gelöst werden. Die Zuverlässigkeit der durch Umfragen gesammelten Informationen ist bedenklich, wenn die Datensammlung die Situation nicht objektiv präsentiert, sondern nur aus Arbeitgebersicht und damit teilweise mit „aufgeblähten" Zahlen. Es ist außerdem möglich, dass nicht alle Probleme und Mängel notwendigerweise als solche von Führungskräften in Unternehmen wahrgenommen werden.[174]

Daher ist es schwierig einzuschätzen, ob der Umfang und die Aspekte der Berichterstattung von Unternehmen übertrieben oder unterbewertet sind. Dies führt wiederum zu großen Problemen bei der Interpretation solcher Umfrageergebnisse. Dennoch können Befragungen oft einige interessante Informationen über die Arbeitgeberwahrnehmung der benötigten Kompetenzen und Qualifikationen der potenziellen Bewerber geben und vorhandene Kompetenzdefizite innerhalb eines Unternehmens aufzeigen.[175]

Im Jahr 2007 sammelte das Cedefop Informationen über die bestehenden nationalen Arbeitgeber- bzw. Unternehmensumfragen, auch von Großbritannien und Deutschland.[176] Der Vergleich ergab, dass alle Staaten eine Art von Unternehmensbefragungen durchführen, um zu Prognoseaussagen beizutragen. Die nationalen Umfragen unterscheiden sich jedoch sehr in ihren Zielen, Intervallen, Querschnittsgrößen und Fragen. Deutschland und England (dieses wurde explizit untersucht) führen landesweite Umfragen anhand von strukturierten Fragebögen durch. In beiden Ländern werden viele Unternehmen befragt, um einen großen Anteil der Erwerbsbevölkerung zu betrachten: in England 75.000, in Deutschland 16.000.[177]

Der Mangel an Daten über Stellenangebote und ihre ungenügende Aussage über freie Stellen werden manchmal auch durch Analysen von Stellenanzeigen in Medien gelöst. Studien über Stellenanzeigen werden oft als zusätzliches Instrument zur Messung von Kompetenzdefiziten zusammen mit Prognosen und Arbeitgeberumfragen genutzt.[178]

Im Jahr 2005 begann das Cedefop, Informationen speziell über mittel- bis langfristige Vorhersagen von Qualifikationserfordernissen auf makroökonomischer Ebene zu sammeln, dabei waren auch Deutschland und Großbritannien involviert.[179] Im Vergleich zeigte sich, dass Deutschland keine formalen und regelmäßigen makroökonomischen Modelle für die Prognose von Qualifikationserfordernissen anwendet. Die deutschen Forscher begründeten dies mit ihren Zweifeln an der Zuverlässigkeit und Gültigkeit dieser Modelle.[180]

Kompetenzdiskrepanzen und der Mangel an spezifischen Qualifikationen werden in Großbritannien durch den Vergleich von Arbeitsangeboten mit Qualifikationsnachfragen erhoben. Deutschland führt diese Angebots- und Nachfragestudien mit nur groben Vergleichen durch.

---

[174] Vgl. Cedefop working paper No 1: System for anticipation of skill needs in the EU member states, 2008, S.15.
[175] Vgl. Cedefop working paper No 1: System for anticipation of skill needs in the EU member states, 2008, S.16.
[176] Vgl. Homepage Cedefop: http://www.cedefop.europa.eu/etv/Projects_Networks/Skillsnet/ events.asp?idnews=2608, letzter Zugriff am 26.06.09.
[177] Vgl. Cedefop working paper No 1: System for anticipation of skill needs in the EU member states, 2008, S.22.
[178] Vgl. Strietska-Ilina, Olga: Review of systems of early identification of skill needs in the EU based on Cedefop/ ETF information; in: Cedefop Panorama: Systems, institutional frameworks and processes for early identification of skill needs, 2007, S. 222 ff.
[179] Vgl. Cedefop Panorama: Towards European skill needs forecasting, 2007, S. 7 ff.
[180] Vgl. Cedefop Panorama: Towards European skill needs forecasting, 2007, S. 91.

Dies wird damit begründet, dass die Komplexität in der Betrachtung der Angebotsseite, als einem Faktor der Nachfrageseite, und umgekehrt, dies unmöglich macht. Großbritannien hingegen betont die großen Schwierigkeiten bei der Schätzung.[181] Quantitative Modelle sollten daher nicht als Allheilmittel gesehen und durch andere Informationsquellen ergänzt werden. Dennoch stellen sie eine wesentliche Grundlage bei der regelmäßigen Bewertung der beruflichen Fähigkeiten und Kompetenzen auf nationaler Ebene dar.

Die Einbeziehung verschiedenster Akteure durch die Bildung von Partnerschaften im Rahmen der Prognoseverfahren hat insbesondere seit Beginn des Kopenhagen-Prozesses (2002) zugenommen. Es wurden, wie bereits dargelegt, nationale Bildungsregelungen aufgrund der neuen Bedürfnisse und Anforderungen des Arbeitsmarktes in ersten Reformen modernisiert. Die damit einhergehende verstärkte Bildung von Netzwerken wurde insbesondere von Deutschland positiv eingeschätzt.[182] Als erfolgreiches best-practice-Beispiel für ein Netzwerk zur frühen Identifizierung des Qualifikationsbedarfs wird nachfolgend noch die deutsche FreQueNz-Initiative vorgestellt, bei der sowohl national verschiedene Forschungspartner vernetzt sind, aber auch länderübergreifend eine Kooperation mit dem Cedefop besteht. Für die Entwicklung und Steigerung von arbeitsmarktorientierten Weiterbildungsangeboten ist die Zusammenarbeit mit verschiedenen Stakeholdern, wie Bildungseinrichtungen, Unternehmen oder Sozialinstitutionen, förderlich. Nur so können Ansichten und Anforderungen verschiedener Arbeitsmarkt- und Bildungsbereiche berücksichtigt und in die Erstellung von Prognosen einbezogen werden.

Zusammenfassend lässt sich sagen, dass die gesammelten Ergebnisse aus Untersuchungen mit verschiedenen Vorhersagemethoden eine größere Aussagekraft als die Anwendung nur eines Verfahrens haben. Sowohl Deutschland als auch Großbritannien nutzen koordinierte, ganzheitliche (holistische) Systeme zur Prognose des Qualifikationsbedarfs. Jede Methode beinhaltet die genannten Vor- und Nachteile. Ob diese Untersuchungen sich in den Ergebnissen und der Qualität ihrer Aussagen gleichen oder unterscheiden, muss geprüft werden. Nach der Betrachtung methodischer Aspekte von Qualifikationsanalysen sollen nun exemplarisch ausgewählte Ansätze aus beiden Ländern untersucht und bewertet werden. Durch diese Darstellung einiger Methoden können dann grundlegende Defizite aufgezeigt werden.

## 4.2 Prognoseansätze und Analysen zukünftiger Qualifikationserfordernisse in Deutschland

Das deutsche Prognosesystem ist gut entwickelt und es existiert eine Vielzahl unterschiedlicher Informationsinstrumente, um Veränderungen auf dem Arbeitsmarkt zu erfassen.[183] Das System basiert im wesentlichen auf der Koordinierung von Forschungsaktivitäten verschiedener Institute und Erfahrungen durch Netzwerke. Der Schwerpunkt liegt dabei auf der qualitativen Forschung in Sektoren, Branchen, Berufen sowie auf Wirtschaftsprognosen und der Forschung über die Entwicklung von Qualifikationsstandards.[184]

---

[181] Vgl. Cedefop Panorama: Towards European skill needs forecasting, 2007, S. 160 ff.
[182] Vgl. Cedefop working paper No 1: System for anticipation of skill needs in the EU member states, 2008, S. 23.
[183] Vgl. Hilbert, C./ Mytzek, R.: Strategische und methodische Ansatzpunkte zur Ermittlung des regionalen Qualifikationsbedarfs, Diskussionspapier WZB, 2002, S. 7.
[184] Vgl. Cedefop working paper No 1: System for anticipation of skill needs in the EU member states, 2008, S. 26.

Bereits 2002 wurde durch den Bericht der Hartz-Kommission „Moderne Dienstleistungen am Arbeitsmarkt" gefordert, eine Datenbasis zur regionalisierten Qualifikationsanalyse zu schaffen.[185] Außerdem wurde bereits damals darauf hingewiesen, dass Kooperationen mit allen relevanten regionalen Akteuren notwendig sind, um ein qualifikatorisches Mismatch auszugleichen und arbeitsmarktpolitische Maßnahmen effektiver umzusetzen.[186]

Im Folgenden soll eine beispielhafte Auswahl an Analysen und Projekten näher dargestellt werden. Eine tabellarische Übersicht deutscher Prognosemethoden befindet sich im Anhang, Abbildung 17.

### 4.2.1 Das Prognos-Modell des Institutes für Arbeitsmarkt- und Berufsforschung (IAB)

Das Institut für Arbeitsmarkt- und Berufsforschung (IAB) der Bundesagentur für Arbeit führt mit „Prognos" seit 1985 alle fünf Jahre Qualifikationsprognosen unter kontinuierlicher Weiterentwicklung der Methode durch.[187] Es analysiert vor allem Daten des Mikrozensus, Strukturprognosen, Expertenratings und Daten der Wirtschaftsforschung, die mit Szenarientechniken ausgewertet werden.[188] Damit soll der in Kapitel 4.1 erwähnten Problematik der nicht zielführenden Fortschreibung von Vergangenheitstrends entgegengewirkt werden. Mit Strukturprojektionen soll hinterfragt werden, welche Branchen zukünftig mit Beschäftigungszuwachs rechnen bzw. welche Sektoren stagnieren oder gar schrumpfen werden.[189]

Das IAB veröffentlicht kontinuierlich Prognosen über die Ungleichgewichte am Arbeitsmarkt.[190] Die Beschäftigungsentwicklung wird hierbei qualitativ nach Wirtschaftszweigen, Tätigkeiten oder in ihrer Kombination betrachtet, um die unterschiedlichen Einflüsse auf den Wandel von Arbeit zu berücksichtigen. Dies hat zwei Vorteile: Strukturveränderungen können detailliert betrachtet und Einflüsse differenziert eingeschätzt werden. Die Ergebnisse der Prognos-Methode liefern dem IAB eine Basis für Aussagen über langfristige Beschäftigungsentwicklungen und Projektionen des künftigen Qualifikationsbedarfs.[191]

Der Ansatz des Prognos-Modells ist aufgrund der durch die verwendeten Datenquellen mangelnden Regionalisierbarkeit, welche eine zielgerichtete örtliche Arbeitsmarktpolitik unterstützen würde, allerdings nur bedingt geeignet. Eine detailliertere Analyse nach Berufen und mittelfristige Prognosehorizonte von zwei bis fünf Jahren scheinen erforderlich. Auch die Aktualität der Ergebnisse ist bei solch einem langen Studienintervall anzuzweifeln. Das Prognos-Modell darf nicht als Prophezeiung der tatsächlichen Entwicklung fehlinterpretiert

[185] Vgl. Hilbert, C./ Mytzek, R./ Neugart, M.: Regionale Qualifikationsbedarfsanalysen für mehr Effizienz und Transparenz am Arbeitsmarkt, 2002, S. 12-14.
[186] Vgl. Hilbert, C./ Mytzek, R.: Strategische und methodische Ansatzpunkte zur Ermittlung des regionalen Qualifikationsbedarfs, Diskussionspapier WZB, 2002, S. 7.
[187] Vgl. Homepage IAB/ Prognos: http://www.iab.de/138/section.aspx/Projektdetails/k090120e13, letzter Zugriff am 20.06.2009.
[188] Vgl. Hilbert, C./ Mytzek, R.: Strategische und methodische Ansatzpunkte zur Ermittlung des regionalen Qualifikationsbedarfs, Diskussionspapier WZB, 2002, S. 8.
[189] Vgl. Kühlewind, G.: Zu einigen strittigen Problemfeldern der neuen IAB/ Prognos-Projektion, 1990, S.148.
[190] Vgl. Vogler Ludwig, K.: Improving the capacity to anticipate EU-wide labour market and skills requirements, 2008, S. 2, in: Europäisches Beschäftigungsobservatorium (EBO): Länderbericht Deutschland Herbst 2008.
[191] Vgl. Dostal, W./ Reinberg, A./ Schnur, P.: Tätigkeits- und Qualifikationsprojektionen – der IAB/ Prognos-Ansatz, in: Kleinhenz, G.: IAB-Kompendium Arbeitsmarkt- und Berufsforschung, 2002, S. 547 ff.

werden.[192] Es kann lediglich heute absehbare Entwicklungen prognostizieren und damit eine Beratungs- und Warnfunktion ausüben.

## 4.2.2 Die FreQueNz-Initiative als Forschungsnetzwerk zur Früherkennung von Qualifikationserfordernissen

Das Bundesministerium für Bildung und Forschung (BMBF) hat 1999 die Initiative zur Früherkennung von Qualifikationserfordernissen initiiert – wesentlicher Bestandteil ist das Forschungsnetz FreQueNz (Früherkennung von Qualifikationserfordernissen im Netz), dem 12 Institute und Organisationen angehören.[193] Das Netzwerk unterstützt verschiedene nationale Projekte und soll zu einem Überblick und Austausch der Forschung zu Qualifikationserfordernissen sowie der anschließenden innovativen Gestaltung des Berufsbildungssystems durch zeitnahe Reaktionen auf Veränderungen beitragen.[194] Die Projekte hatten bisher einen qualitativen Fokus auf spezifische Sektoren, Unternehmen und Zielgruppen.[195] Ergebnisse finden Eingang in den jährlichen Berufsbildungsberichten.[196]

FreQueNz bündelt die nationalen und einige regionale Analysen der Qualifikationsnachfragen auf dem Arbeitsmarkt, z.B. des BIBB, IAB, WZB, und stellt die Projekte und Ergebnisse auf einer Internetplattform und in Form von Newslettern dar. Ziel dieses Netzwerkes ist die Förderung von Projekten unterschiedlichen Inhalts und die Verknüpfung der Ergebnisse. Die Ergebnisse werden nicht nur dem BMBF sondern auch verschiedenen Bildungsträgern, Sozialpartnern, Berufsbildungsforschern und Unternehmern zur Verfügung gestellt. Neben der besseren Reaktion auf Arbeitsmarktveränderungen sind auch die Formulierung von Handlungsempfehlungen und Beiträgen zur Bildungsforschung Ziele.[197] Während zu Beginn der Initiative methodische Ansätze und anschließend verschiedene Branchen bezüglich des Qualifikationsbedarfs sowie Querschnittsthemen untersucht wurden, wird zukünftig die Förderung von Forschungsprojekten im Bereich gering ausgeprägter Berufsbildungsstrukturen thematisiert.[198]

Hervorgehoben werden sollen an dieser Stelle die umfangreichen Forschungsaktivitäten des Bundesinstitutes für Berufsbildung (BIBB). FreQueNz hat eine Vielzahl von Projekten des BIBB gefördert, z.B. repräsentative Analysen der Qualifikationsnachfrage auf dem Arbeitsmarkt durch Stellenanzeigenanalysen, Inserentennachbefragungen oder Betriebsbefragungen. Das BIBB kooperiert seit 2007 eng mit dem IAB, um Angebots- und Bedarfsprojektionen auch in beruflicher Gliederung zu erstellen.[199] Zurzeit befindet sich ein sog. „Arbeitsmarktradar" im Aufbau. In einer Machbarkeitsstudie wurde hierfür ein Konzept zur quantitativen Er-

[192] Vgl. Kühlewind, G.: Zu einigen strittigen Problemfeldern der neuen IAB/ Prognos-Projektion, 1990, S.150.
[193] Vgl. Schmidt, S.L./ Steeger, G.: Die FreQueNz-Initiative als Beispiel eines nationalen Netzwerkes zur Früherkennung von Qualifikationserfordernissen, in: Cedefop/ BMBF: Ermittlung künftiger Qualifikationserfordernisse, 2005, S. 40 ff.
[194] Vgl. Homepage FreQueNz: http://www.frequenz.net/, letzter Zugriff am 20.06.2009.
[195] Vgl. Cedefop working paper No 1: System for anticipation of skill needs in the EU member states, 2008, S.24.
[196] Vgl. Berufsbildungsbericht 2009 (BMBF), S. 34.
[197] Vgl. Schmidt, S.L./ Steeger, G.: Die FreQueNz-Initiative als Beispiel eines nationalen Netzwerkes zur Früherkennung von Qualifikationserfordernissen, in: Cedefop: Ermittlung künftiger Qualifikationserfordernisse, 2005, S. 43.
[198] Vgl. Czerwinka C. (BMBF): Zur Neuausrichtung der BMBF-Früherkennungsinitiative, in Bullinger, H.-J. (Hrsg.): FreQueNz-Newsletter 2008, S. 1.
[199] Vgl. Bott, P./ Helmrich, R./ Schade, H.-J. (BIBB): Instrumente der quantitativen Qualifikationsentwicklungsforschung im BIBB: Angebots- und Bedarfsprojektionen, in Bullinger, H.-J. (Hrsg.): FreQuenz-Newsletter 2008, S. 5.

fassung von aktuellen Arbeitsmarktungleichgewichten sowie von mittelfristigen Arbeitsmarkt-entwicklungen erstellt, denn noch fehlt ein Instrumentarium zur Beobachtung kurzfristiger Schwankungen und zur mittelfristigen Analyse (maximal 5 Jahre).[200] Der Radar trägt unter-schiedliche Arbeitsmarktdaten aus amtlichen Statistiken zusammen, um diese bezüglich des Qualifikationsbedarfs auswerten zu können.[201]

Das BIBB hat Forschungen über Stellenanzeigen für den Informationstechnologie-Bereich in Deutschland durchgeführt. Die Analyse erfolgte anhand einer repräsentativen Auswahl von Stellenanzeigen im Sektor und einer nachfolgenden Umfrage bei den Inserenten. Ziel war es, die Kompetenzen und Qualifikationen, die Arbeitgeber suchen, mit den auf dem Markt verfügbaren Fachkräften zu vergleichen.[202]

Auch das Wissenschaftszentrum Berlin (WZB) wird bei der Untersuchung von Methoden und Ergebnissen von Qualifikationsprognosen, z.B. in OECD-Ländern, unterstützt. Im Rahmen des FreQueNz-Netzwerks sucht das WZB nach Möglichkeiten, geeignete berufliche Aus- und Weiterbildungsmaßnahmen umzusetzen und liefert durch die internationale Vergleichs-forschung Entscheidungsträgern auf verschiedenen Ebenen Informationen über länderspezi-fische Qualifikationserfordernisse.[203]

Das Fraunhofer-Institut für Arbeitswirtschaft und Organisation (Fraunhofer IAO) und Infratest Sozialforschung führen innerhalb von FreQueNz das Forschungsprojekt AdeBar („Arbeitsna-he Dauerbeobachtung der Qualifikationserfordernisse mit dem Ziel der Früherkennung von Veränderungen in der Arbeit und in den Betrieben") durch, um durch Studien und Umfragen Informationen über veränderte Qualifikationsentwicklungen zu sammeln. Anhand einer Da-tenbankanalyse sollen Trends identifiziert und Empfehlungen entwickelt werden. Ergebnisse sind bereits für einige Branchen verfügbar.[204]

Bei der Erstellung vieler Früherkennungsergebnisse wirkt FreQueNz unterstützend mit und hat damit einen Beitrag zur Modernisierung der beruflichen Bildung geleistet. Auch die Zu-sammenarbeit mit dem Cedefop/ Skillsnet und die damit erfolgte Berücksichtigung der euro-päischen Initiative ist erfolgsversprechend. Die in Kapitel 4.1 herausgearbeitete Notwendig-keit, unterschiedliche Prognosemethoden zu verknüpfen, wurde somit in Deutschland in ers-ten Ansätzen umgesetzt. Die Plattform ist für den wissenschaftlichen Austausch und Trans-fer der Ergebnisse förderlich. FreQueNz ist im europäischen Vergleich ein sehr gutes Bei-spiel für ein Netzwerk zur Früherkennung von Qualifikationserfordernissen.[205]

---

[200] Vgl. Institut der deutschen Wirtschaft Köln (iw)/ BMBF: Machbarkeitsstudie für ein System zur Erfassung von mittelfristigen Arbeitsmarktentwicklungen – „Arbeitsmarktradar", Projektendbericht 2004.
[201] Vgl. Bott, P./ Helmrich, R./ Schade, H.-J. (BIBB): Instrumente der quantitativen Qualifikationsentwicklungsfor-schung im BIBB: Angebots- und Bedarfsprojektionen, in Bullinger, H.-J. (Hrsg.): FreQuez-Newsletter 2008, S. 6.
[202] Vgl. Bott, Peter: Qualifikationsanforderungen der Betriebe in Zeiten strukturellen Wandels am Beispiel der IT-Branche in Deutschland; in: Cedefop: Ermittlung künftiger Qualifikationserfordernisse, 2005, S. 202 ff.
[203] Vgl. Hilbert, C./ Schömann, K.: Zur Notwendigkeit der Früherkennung zukünftiger Qualifikationserfordernisse in der Europäischen Union, in: Cedefop: Ermittlung künftiger Qualifikationserfordernisse, 2005, S. 56.
[204] Vgl. FreQueNz Homepage/ Projekte: http://www.frequenz.net/index.php?id=9, letzter Zugriff am 17.07.2009.
[205] Vgl. Cedefop working paper No 1: System for anticipation of skill needs in the EU member states, 2008, S.24.

## 4.2.3 Regionale Prognosemodelle

In Deutschland werden auch regionale Prognoseprojekte durchgeführt, insbesondere aufgrund der Kompetenzteilung zwischen dem Bund und den Ländern sowie der großen regionalen Unterschiede (z.B. zwischen Ost und West).

Im Unterschied zum zuvor erläuterten Prognos-Modell orientiert sich das regionale Projekt „Fachkräftemonitor"[206] an Berufsgruppen, nicht an Tätigkeiten, um eine Informationsbasis für drei Modellregionen der neuen Bundesländer zu schaffen: die Optikregion um Jena, das Maschinenbaucluster in Chemnitz und das Zentrum der Metall- und Elektroindustrie in Dessau. Durch Unternehmensbefragungen soll eine Schätzung des Nettobedarfs in bestimmten Berufsgruppen im 10-Jahres-Vergleich erfolgen, um Personal- und Qualifizierungsbedarf zu erkennen und Bildungsinvestitionen effektiv einsetzen zu können.

Seit 2002 wird das Projekt „Prospect"[207] in Nordrhein-Westfalen als Instrument der lokalen Arbeitsmarktregionen durchgeführt. Die Analyse des regionalen Qualifikationsbedarfs durch Betrachtung von Statistikdaten (offene Stellen, Arbeitslosenzahl, Strukturdaten der Bundesagentur für Arbeit und des IAB) bildet die Basis für die Prognose. Außerdem werden durch Unternehmensumfragen Anforderungsprofile erstellt und Beschäftigungspotenzial identifiziert. Ein besonderer Schwerpunkt wird auf Maßnahmen für gering qualifizierte Arbeitnehmer gelegt.[208] Dies ist im Hinblick auf die zuvor ermittelte große Problematik der Arbeitseingliederung bei dieser Beschäftigungsgruppe vorteilhaft zu bewerten.
Auch die Breite des Ansatzes und die regelmäßige Aktualisierung der regionalen Arbeitsmarktdaten führen zu besseren Ergebnissen. Das Projekt wird mit Zuschüssen aus dem Europäischen Sozialfond (ESF) durchgeführt. Dieser beanstandete in ersten Evaluierungsergebnissen, dass die bedarfs-gerechte und strategische Ausrichtung noch ungenügend ist und unzureichend umgesetzt wurde, was auf fehlenden oder ungenauen regionalisierten Informationen beruhen kann.[209]

Die von der EU bemängelten Kritikpunkte beim Prospect-Projekt können generell als Kritikpunkte bei allen regionalen Prognoseverfahren genannt werden. Das Fehlen geeigneter Daten, aber auch personeller Ressourcen und methodischer Kompetenzen[210] gestaltet die Handhabung, Umsetzung und Aussagekraft regionaler Methodenergebnisse schwierig.

Neben der mangelnden Aktualität mancher Prognosen und der soeben erläuterten, nicht validen Datenbasis regionaler Analysen ist generell noch ein weiteres Defizit bei allen Prognosen – ob national oder regional – erkennbar: Der nur selektive Zugang zu den Studienergebnissen und die unzureichende Sichtbarkeit der Konsequenzen. Die fehlende Bereitstel-

---

[206] Vgl. Homepage Fachkräftemonitor: http://www.fachkraeftemonitor.de/ sowie ein Bericht abrufbar unter: www.cms.rbs-news.de/download.php?id=55, letzter Zugriff am 24.06.2009.
[207] Vgl. Homepage Prospect: http://www.gib.nrw.de/site/homepage/service/ downloads/BB_Dienstl_MaerkRegionen.pdf, letzter Zugriff am 24.06.2009.
[208] Vgl. Hilbert, C./ Mytzek, R.: Strategische und methodische Ansatzpunkte zur Ermittlung des regionalen Qualifikationsbedarfs, Diskussionspapier WZB, 2002, S. 11.
[209] Vgl. Mertens, A.: Modellvorhaben Prospect - dialogorientiertes regionales Arbeitsmarktmonitoring, Abschlussbericht, 2002, S. 2.
[210] Vgl. Hilbert, C./ Mytzek, R.: Strategische und methodische Ansatzpunkte zur Ermittlung des regionalen Qualifikationsbedarfs, Diskussionspapier WZB, 2002, S. 11.

lung der Ergebnisse wurde bereits von Hilbert/ Mytzek bemängelt.[211] Transparente Projekt-
verfahren und Kooperationen untereinander sind empfehlenswert, um einen Wissenstransfer
zu ermöglichen und dadurch gegenseitig von den Erfahrungen zu profitieren. Die Verknüpfung der Prognosedaten aller Verfahren stellt anscheinend ein großes Problem dar. Der Aufbau eines Arbeitsmarktradars durch das BIBB zur mittelfristigen Projektion in tiefer beruflicher Gliederung sowie die dabei verwendeten statistischen Daten verschiedener Ämter sind
ein verbesserter Ansatz zur quantitativen Qualifikationsentwicklungsforschung. Auf regionale
Verfahren sollte nicht verzichtet werden, jedoch sollten diese in nationalen Untersuchungen
Berücksichtigung finden.

Nachfolgend soll analysiert werden, welche Prognosemethoden Großbritannien anwendet
und wie Erfahrungen dort in die Regionalentwicklung einfließen.

## 4.3 Vorhersagemodelle und Erfahrungen in Großbritannien

Großbritannien hat ein sehr gutes und lang etabliertes Vorhersagesystem, das immer noch
in Entwicklung und Veränderung begriffen ist und aus verschiedenen Bereichen besteht:[212]

- Eine gut-koordinierte sektorale und regionale Forschung über Qualifikationsbedarf durch
  die nationale Sector Skills Development Agency (SSDA) mit einem Netzwerk aus 25 Sector Skills Councils (SSCs), in der die Arbeitgeber jeweils für eine bestimmte Branche
  Wachstums- und Qualifikationsprognosen erstellen.
- Mittel- bis langfristig differenzierte Prognosen, welche notwendige, detaillierte Informationen auf sektoraler oder regionaler Ebene bereithalten.
- Regelmäßige Arbeitgeber-Kompetenz-Umfragen auf nationaler und regionaler Ebene.

Regionale Prognosen finden in Großbritannien seit Ende der 80er Jahre statt und liegen im
jeweiligen Verantwortungsbereich der Landesregierung (England, Wales, Schottland, Nordirland). Hierbei hat jedes Land unabhängige Instrumente und Institutionen entwickelt. Es gibt
Hunderte kleiner Studien der letzten 15 Jahre, die durch die LSCs, aber auch andere Institutionen erstellt wurden.[213] Neben den genannten Reformen und dem Einsatz neuer Metho-
denansätze ist vor allem das Institute for Employment Research (IER) der Universität Warwick Hauptquelle für mittelfristige Voraussagen der britischen Beschäftigungsstruktur.[214]

Trotz der umfassenden Vorhersagemethoden gibt es noch immer Probleme mit unzureichenden Arbeitsmarktdaten, langen Zeitintervallen bei der Qualifikationsentwicklung und
unzulänglichen Analysemethoden. Daher wurden oft Szenariomethoden angewandt.[215]
Nachfolgend werden ausgewählte britische Vorhersageansätze vorgestellt. Eine Übersicht
über ausgewählte Methoden befindet sich im Anhang, Abbildung 18.

---

[211] Vgl. Hilbert, C./ Mytzek, R.: Strategische und methodische Ansatzpunkte zur Ermittlung des regionalen Qualifikationsbedarfs, Diskussionspapier WZB, 2002, S. 12.
[212] Vgl. Cedefop working paper No 1: System for anticipation of skill needs in the EU member states, 2008, S. 29.
[213] Vgl. Wilson, R./ Lindley, R.: Identifying skill needs in the UK, in: Cedefop Panorama: Systems, institutional
frameworks and processes for early identification of skill needs, 2007, S. 26.
[214] Vgl. Lindley, R.: Projections and institutions: the state of play in Britain, in: Neugart, M./ Schömann, K.: Forecasting Labour Markets in OECD Countries – Measuring and Tackling Mismatches, 2002, S. 109.
[215] Vgl. Coles, M.: Qualifikationen für die Zukunft gestalten, in Cedefop.: Ermittlung künftiger Qualifikationserfordernisse, 2005, S.97.

### 4.3.1 Der ganzheitliche Ansatz durch die Einführung der Sector Skills Development Agency (SSDA) in England

Die Einführung der länderweiten Entwicklungsagentur für sektorale Qualifikationen (SSDA) im Jahr 2002 und die Entwicklung der SSCs signalisieren die Regierungsabsicht, die Anpassung von Ausbildung und Qualifikationserfordernissen weitgehend durch die nationalen, regionalen und lokalen Arbeitsmarkterfordernisse zu bestimmen. Traditionelle Arbeitsmarkt-Prognosetechniken wurden verfeinert und ganzheitliche Ansätze angenommen. Die SSCs trafen Vereinbarungen und führten Befragungen mit Arbeitgebern in verschiedenen Branchen durch und sammelten so qualitative Informationen. Die Anpassung des Qualifikationsbedarfs an Fähigkeiten wurde also zunächst auf sektoraler Ebene durchgeführt und dann die regionale und lokale Dimension auf der Grundlage von sektoralen Qualifikationsbedarfsanalysen betrachtet. In England nehmen die Region Development Agencies (RDAs) diese Aufgabe wahr.[216]

Jeder der 25 SSCs entwickelt Sector Skills Agreements, also Vereinbarungen zwischen Arbeitgebern und branchenüblichen Bildungsinstitutionen. Diese stellen strategische, nachfrageorientierte Aktionspläne dar und bieten maßgeschneiderte Lösungsansätze an.[217] SSCs sind arbeitgebergeführte Organisationen, die deren Bedürfnisse bezüglich Qualifikationen und erforderlicher Kompetenzen von Beschäftigten gegenüber der Regierung vertreten.[218] Der Prozess der Entwicklung von Vereinbarungen beginnt mit einer Qualifikationsbedarfs-Bewertung. Danach werden sektorale Prognosen erstellt: Zum einen mit Hilfe der bestehenden quantitativen Prognosen für Großbritannien (z.B. Working Futures 2004-2014)[219], welche branchenübergreifende Daten mit nationalen Datenquellen vergleichen. Zum anderen durch die Entwicklung qualitativer Szenarien. Die Sektor Skills Vereinbarungen sind ein Mechanismus zur Erkennung und Erfüllung des Qualifikationsbedarfs von Arbeitgebern.[220]

Die Stärken dieses Systems der Anpassung des Qualifikationsbedarfs an das Arbeitsmarktangebot und die Nachfrage können wie folgt zusammengefasst werden: Es erfolgt eine gezielte Absprache mit Arbeitgebern, um deren Bedürfnisse zu berücksichtigen. Der ganzheitliche (holistische) Ansatz verbindet sektorübergreifende, vergleichbare Informationsquellen auf der Grundlage von aussagekräftigen nationalen Daten mit qualitativen Informationen von Arbeitgebern. Diese detaillierte und anspruchsvolle Prognose ist nicht ohne erhebliche Investitionen in die nationale statistische Infrastruktur möglich.[221]

Ein Ergebnis dieser Methode war die Entwicklung der nationalen Berufsstandards in Großbritannien, um Qualifikationserfordernisse von Berufsfeldern zu erfüllen, wie bereits unter Kapitel 3.3 beschrieben. Es wurden bereits zahlreiche Studien der SSDA veröffentlicht.[222] Institu-

---

[216] Vgl. Cedefop working paper No 1: System for anticipation of skill needs in the EU member states, 2008, S. 7.
[217] Vgl. Homepage der britischen Kommission für Beschäftigung und Qualifikation (UKCES), Sector Skills Agreements: http://www.ukces.org.uk/Default.aspx?page=4550#1068, letzter Zugriff am 02.07.2009.
[218] Vgl. Homepage der britischen Kommission für Beschäftigung und Qualifikation (UKCES): http://www.ukces.org.uk/, letzter Zugriff am 02.07.2009.
[219] Der Bericht "Working Futures 2004-2014, Qualifications Report" ist abrufbar unter: http://www.fssc.org.uk/working_futures_2004_2014_qualifications_report.pdf, letzter Zugriff am 02.07.2009.
[220] Vgl. Cedefop working paper No 1: System for anticipation of skill needs in the EU member states, 2008, S. 7.
[221] Vgl. Cedefop working paper No 1: System for anticipation of skill needs in the EU member states, 2008, S. 7.
[222] Vgl. UK Commission for Employment and Skills (UKCES) Homepage: http://www.ukces.org.uk/server.php?show=nav.1, letzter Zugriff am 10.07.2009.

tionell wurde die SSDA im April 2008 der neuen Behörde UK Commission for Employment and Skills (UKCES) zugeordnet, die nun die Forschung und Veröffentlichungen weiterführt.

## 4.3.2 National Employers Skills Surveys (NESS) in England

Auch in Großbritannien werden Arbeitgeberbefragungen durchgeführt, in England in der Regel in jeder Region durch die neun regionalen Entwicklungsagenturen (RDAs). Bisher wurden hier in den Jahren 2003 bis 2005, 2007 und 2009[223] Befragungen durchgeführt,[224] um Gründe, Ursachen und Auswirkungen der Kompetenzdefizite zu untersuchen. Die Erhebungen werden in Partnerschaft mit den LSCs als nationalen Regierungsinstitutionen zur lokalen Betrachtung, den SSDAs als sektoralen Partnern und dem Bildungsministerium durchgeführt.[225]

Die Methodik besteht aus einer Telefonumfrage und einer persönlichen Befragung der Arbeitgeber sowie Fallstudien, Analysen von Stellenbesetzungsplänen bis 2009, Schätzungen über die Teilnahme an Qualifikationen bezüglich der Grundfertigkeiten und beruflicher Weiterbildung und Vergleichen zwischen Großbritannien, Frankreich und Deutschland.[226]

Für die Studie von 2007 wurden in England ca. 79.000 Arbeitgeber telefonisch befragt, gefolgt von einer Umfrage bei 7.000 Arbeitgebern, die eine Ausbildung finanziert hatten. Während die Ergebnisse der früheren Studien eher beunruhigend ausfielen, gab es laut Umfrage von 2007 weniger Berichte über Qualifikationslücken und einen deutlichen Rückgang beim Anteil der offenen Stellen infolge Fachkräftemangel. Bildungsmaßnahmen der Arbeitnehmer wurden zunehmend durch Unternehmen gefördert, sowie ein Schulungsplan und finanzielle Unterstützung bereitgehalten.[227]

Umfragen, als quantitative Vorhersagemethoden, sind wertvoll für Informationen über Kompetenzdefizite und schwer zu besetzende Stellen, einschließlich der Gründe dafür, und erleichtern die kurzfristige Formulierung von entsprechenden politischen Vorgehensweisen.[228] Arbeitgeberumfragen versuchen Informationen über aktuelle und erwartete Qualifikationserfordernisse zu erlangen.[229] Dass nicht nur eine rein regionale Betrachtung des Arbeitsmarktes erfolgt, sondern Befragungen als zentrales Element der regionalen Wirtschaftsentwicklung gesehen werden, ist ein innovativer Ansatz. Die regionale Eigenständigkeit wird gefördert und gleichzeitig mit der nationalen Ebene verknüpft, so dass auch hier eine Berücksichtigung der Vorhersageergebnisse erfolgen kann.

---

[223] Die Daten des Berichts von 2009 wurden bisher noch nicht veröffentlicht (Stand Juli 2009).

[224] Vgl. National Employers Skills Survey Homepage: http://research.lsc.gov.uk/LSC+Research/published/ness, letzter Zugriff am 24.06.2009.

[225] Vgl. National Employers Skills Survey 2003: Key Findings, 2004, S. 7.

[226] Vgl. Cedefop working paper No 1: System for anticipation of skill needs in the EU member states, 2008, S. 15 ff.

[227] Vgl. Cedefop working paper No 1: System for anticipation of skill needs in the EU member states, 2008, S. 15 ff.

[228] Vgl. Cedefop working paper No 1: System for anticipation of skill needs in the EU member states, 2008, S. 17.

[229] Vgl. Wilson, R./ Lindley, R.: Identifying skill needs in the UK, in: Cedefop Panorama: Systems, institutional frameworks and processes for early identification of skill needs, 2007, S. 40.

### 4.3.3 Leitch Review of Skills

Die britische Regierung beauftragte eine Kommission um Lord Leitch im Jahr 2004, eine unabhängige Überprüfung des langfristigen britischen Qualifikationsbedarfs durchzuführen. Es wurde insbesondere darum gebeten, die optimale britische Qualifikationsmischung zur Erhöhung des Wirtschaftswachstums und der Produktivität herauszufinden und die verschiedenen Wege zu verfolgen, um dieses Qualifikationsniveaus zu erzielen. Der Abschlussbericht des Leitch Review of Skills („Prosperity for all in the global economy – world class skills") wurde im Dezember 2006 veröffentlicht und berücksichtigte Aussagen von mehr als 250 Organisationen, Arbeitgebern, Gewerkschaften und Bildungseinrichtungen.[230]

Der Bericht verdeutlichte, dass dringend Leistungen auf allen Kompetenzebenen erhöht werden müssen und empfahl dem Staat, sich bis zum Jahr 2020 zu verpflichten, weltweit führend in der Qualifikation der Arbeitskräfte zu werden, zumindest verglichen mit dem oberen Viertel der OECD-Staaten. Es wurde ferner erkannt, dass die Verantwortung zur Zielerreichung zwischen den Akteuren Staat, Arbeitgeber und Einzelperson aufgeteilt werden muss.[231] Dieser Bericht ist ein großer Meilenstein und hat Anstöße für viele Änderungen auf staatlicher Seite gegeben. Auf die konkreten Ergebnisse und Umsetzungsmaßnahmen durch den Staat wird in den Kapiteln 5 und 6 noch eingegangen.

## 4.4 Bewertung der Prognosemethoden und Zwischenfazit

Fehlentwicklungen auf dem Arbeitsmarkt kann durch aussagekräftige Prognoseergebnisse begegnet werden, in dem z.B. junge Beschäftigte zukunftsweisend und gezielt qualifiziert und ältere Arbeitnehmer an Veränderungen durch entsprechende Weiterbildungen angepasst werden. Die Definition des Begriffes „Prognose" verweist bereits darauf, dass zwar keine präzisen Aussagen über Entwicklungen getroffen werden können. Die Anwendung solcher Instrumente kann jedoch eine Orientierungshilfe bei der Umsetzung von Maßnahmen oder der Bewältigung des demographischen Wandels und Arbeitswandels geben.[232]

Die Kommission hat bereits in ihrem einleitend dargelegten Mitteilung „Neue Kompetenzen für neue Beschäftigungen" darauf hingewiesen, dass die Vorhersageverfahren der Mitgliedstaaten heterogen sind, sowohl zwischen den einzelnen Ländern als auch hinsichtlich der Reichweite und Konsistenz der Datenbasis. Auch die (gezielte) Nutzung der gesammelten Daten und Informationen ist sehr unterschiedlich. Die fehlende Vernetzung vorhandener Informationen, die Unvollständigkeit des Datenmaterials und die zum großen Teil nicht durchgeführte systematische Auswertung und Nutzung der Daten schränken die Möglichkeiten einer effektiven Zuordnung nachgefragter und vorhandener Qualifikationen erheblich ein. Hinsichtlich dieser Versäumnisse herrscht akuter Handlungsbedarf.[233]

Die Untersuchung der Prognosemethoden ermöglicht eine abschließende Beantwortung der zweiten Ausgangsfrage. Sowohl Deutschland als auch Großbritannien nutzen koordinierte,

[230] Vgl. Leitch Review of skills, Homepage HM Treasury (Britisches Wirtschafts- und Finanzministerium): http://www.hm-treasury.gov.uk/leitch_review_index.htm, letzter Zugriff am 02.07.2009.
[231] Vgl. Cedefop working paper No 1: System for anticipation of skill needs in the EU member states, 2008, S. 15.
[232] Vgl. Spöttl, G./ Windelband, L.: Berufswissenschaftlicher Ansatz zur Früherkennung von Qualifikationsbedarf, in: Europäische Zeitschrift für Berufsbildung Nr. 39 – 2006/3, S. 72-91.
[233] Vgl. Commission staff working document: New Skills for New Jobs, SEC(2008) 3058/2, 2008, S. 52 ff.

ganzheitliche Systeme zur Prognose des Qualifikationsbedarfs. Denn quantitative Prognosen allein ermöglichen es kaum, frühzeitig neue Qualifikationen innerhalb von Berufen oder die Entwicklung neuer Berufsbilder zu erkennen.[234] Die Kombination verschiedener Prognosemethoden und die Anwendung ganzheitlicher Ansätze ermöglichen aussagekräftige Schlussfolgerungen in Bezug auf verschiedene Aspekte der Untersuchungen. Die qualitative Betrachtung der Mikroebene ist insbesondere bei der Wahrnehmung von Weiterbildungsmaßnahmen wichtig, um den sektoralen Wandel in bestimmten Berufsfeldern und die Verschiebung von Qualifikationsanforderungen zu erkennen.[235]

Durch FreQueNz wurde in Deutschland ein Netzwerk geschaffen, das qualitative Eigenschaften mit quantitativen Methoden verknüpft, um Vorhersagen auf sektoraler, nationaler und regionaler Ebene zu ermöglichen. In Großbritannien werden hauptsächlich Szenariomodelle angewandt, um zukünftige Qualifikationserfordernisse genau bestimmen zu können. Beide Länder haben ein insgesamt gut entwickeltes, komplexes und etabliertes Prognosesystem, das auf einem System von sektoralen Studien, der teilweisen Makroanalyse, regelmäßigen Qualifikationsbefragungen von Arbeitgebern sowie einem unterschiedlich ausgeprägten System der Verbreitung und Anwendung der Vorhersageergebnisse in Politik und Praxis besteht. Das britische Prognosesystem ist noch stärker langfristig ausgelegt.

Der Zugang zu den relevanten Arbeitsmarktinformationen ist in Großbritannien im Gegensatz zu Deutschland durch eine breite Veröffentlichung transparenter für alle Akteure gestaltet. Großbritannien hat eine interessante und vielversprechende Struktur geschaffen, die auch aus deutscher Sicht als vorbildlich gesehen werden sollte und Potenzial zur Verbesserung aufzeigt. Der Leitch Review hat national einen großen Veränderungsprozess in Gang gesetzt, auf dessen Auswirkungen nachfolgend noch eingegangen wird.

Kritisch bleibt anzumerken, dass viele Forschungen über Angebot und Nachfrage von Kompetenzen auf dem Arbeitsmarkt den Beitrag der Berufsbildungssysteme ungeachtet lassen. Sie vermitteln nur Hinweise auf strukturelle Arbeitsmarktprobleme, ohne die Bildungssysteme zu berücksichtigen.

Dass Analysestudien qualitativ nicht nur national, sondern in beiden Ländern auch regional durchgeführt werden, ist förderlich vor dem Hintergrund des Mehrebenensystems der Länder und zur Berücksichtigung regional differenzierter Qualifikationserfordernisse. Jedoch muss letztendlich auf nationaler Ebene eine Verknüpfung, Verbreitung und Transparenz der Studienergebnisse erfolgen, um den regional unterschiedlichen Qualifikationsbedarf bei Umsetzungsmaßnahmen und die Anwendung von staatlichen Bildungs- und Arbeitsmarktinstrumenten berücksichtigen zu können. Großbritannien hat hierfür mit innovativen ganzheitlichen Ansätzen gute Ausgangsmöglichkeiten geschaffen. In Deutschland stellen FreQueNz und das IAB-Betriebspanel Ansätze zur Berücksichtigung verschiedener Ebenen und zur Schaffung eines national einheitlichen Analyseinstrumentes dar.

---

[234] Vgl. Hilbert, C./ Mytzek, R.: Strategische und methodische Ansatzpunkte zur Ermittlung des regionalen Qualifikationsbedarfs, Diskussionspapier WZB, 2002, S. 22.
[235] Vgl. Hilbert, C./ Mytzek, R.: Strategische und methodische Ansatzpunkte zur Ermittlung des regionalen Qualifikationsbedarfs, Diskussionspapier WZB, 2002, S. 23.

Im Ergebnis ist jedoch erkennbar, dass alle Prognoseverfahren bezüglich folgender Fragestellungen kritisch betrachtet werden müssen:

- Welche Indikatoren werden ermittelt?
- Sind diese Indikatoren konstant?
- Wie können neue Indikatoren integriert werden?
- Nach welchen Kriterien ist optimales Matching zu beurteilen?
- Welche Rolle spielt das Bildungssystem bei der Anpassung von Angebot und Nachfrage auf dem Arbeitsmarkt?

Zusammenfassend wurden folgende Defizite bei den aktuell angewendeten Prognoseverfahren erkannt:
Es gibt ein zu geringes aussagekräftiges regionales Datenmaterial und es erfolgt keine ausreichende Verknüpfung der regionalen Analyseergebnisse mit der nationalen Ebene. Dies erschwert die makroökonomische Gesamtbetrachtung der national erforderlichen Kompetenzen. Da hierbei verschiedene Verfahren verwendet und unterschiedliche Daten (nach Berufen, nach Sektoren, nach Regionen) erhoben werden, mangelt es auch an der Vergleichbarkeit. Die Qualität des Datenmaterials ist jedoch ausschlaggebend für die Prognoseergebnisse.

Der bei einigen Verfahren betrachtete lange Zeitraum führt zu einer mangelnden Aktualität und damit unzureichenden Aussagekraft der Prognoseergebnisse (zum Beispiel beim deutschen Bericht der Bund-Länder-Kommission oder beim einmalig erfolgten britischen Leitch-Report). Besonders in den letzten Jahren haben sich die Auswirkungen der Globalisierung auf nationale Arbeitsmärkte durch kurzfristige Änderungen der Arbeitsmarktvoraussetzungen gezeigt. Nur regelmäßige Prognosen in kurzen Abständen können es dem Staat durch den Einsatz von Bildungs- und Arbeitsmarktinstrumenten ermöglichen, flexibel auf Veränderungen zu reagieren. Unternehmensbefragungen als eine Prognosemethode können hier zeitnah Resultate erzielen, sind jedoch nur dann repräsentativ, wenn auch eine große Anzahl von Unternehmern direkt befragt wird und diese so objektiv wie möglich antworten. Die Anwendung von Instrumenten des Qualitätsmanagements ist hier zu empfehlen.

Wichtig ist ebenfalls, dass die erlangten Prognoseergebnisse nicht nur intern Verwendung finden, sondern eine aktive Verbreitung der Informationen und insbesondere der Schlussfolgerungen erfolgt. Von den hier genannten Prognoseverfahren sind einige Ergebnisberichte online erhältlich, was ein erster Schritt zu ihrer weiteren Verbreitung ist. Es besteht jedoch Handlungsbedarf bei der Darstellung der anhand der Ergebnisse erfolgten Maßnahmen und der Verbesserungsideen von staatlicher Seite. Als Empfehlung hinsichtlich der hier aufgeführten Probleme bei der Erstellung von Prognosen ist die weiterführende Entwicklung der nationalen Instrumentarien (z.B. FreQueNz) zur regionalen Datenerhebung mit anschließender Vernetzung und Auswertung auf nationaler Ebene zu nennen. Damit kann eine offene Kommunikation von Informationen erfolgen und staatliche Maßnahmen können gezielt und effizient eingesetzt werden.

Deutschland sollte zur Verwirklichung kurzfristiger Ziele die Informationsbasis, Datenquellen und Prognosemethoden für den Qualifikationsbedarf und Arbeitskräfte-Engpässe weiterentwickeln. Insbesondere Diskrepanzen auf dem Arbeitsmarkt und die Dauer der Umsetzung staatlicher Arbeitsmarktmaßnahmen sollten vorhergesehen werden. Langfristig ist eine detaillierte Betrachtung einzelner Sektoren bezüglich des zukünftigen Qualifikationsbedarfs notwendig. Hierbei sollten möglichst viele Akteure aus unterschiedlichen Bereichen mit einbezogen werden. Der branchenspezifische Ansatz aus Großbritannien, bei dem jeder arbeitgebergeführte SSC seine Qualifikationserfordernisse und benötigte Kompetenzen formuliert, könnte hierfür ein Modell sein. Der Bottom-up-Ansatz, bei dem Regionen oder Bundesländer der Regierung Prognoseergebnisse liefern, kann durch die Schaffung von Szenarien über die zukünftige Entwicklung ergänzt werden, welche insbesondere strategische Möglichkeiten zur Förderung des Humankapitals liefern sollten. Ökonomische Prognosen auf Makro-Ebene sollten ergänzend genutzt werden.

In Großbritannien sind die genannten langfristigen Vorhersagemethoden und Nachfrageszenarien mit vielen Schwierigkeiten bei der konkreten Bestimmung zukünftiger Kompetenzen verbunden. Der ganzheitliche SSDA Ansatz kann hier jedoch die Erfordernisse der Arbeitgeber konkret verdeutlichen. Dies stellt insofern eine wirkungsvolle Prognosemethode dar. Die quantitative Prognose aus der „Working Futures 2004-2014" Studie bildet einen hilfreichen Ansatz. Jedoch können die Leistungsfähigkeit sowie das Ergebnis der Aktivitäten noch verbessert werden, so dass detailliertere sektorale Vorhersagen getroffen werden können, die eine nähere Betrachtung und größere Abdeckung der Sektoren der SSCs ermöglichen.

# 5 Ergebnisse der Forschungsstudien bezüglich zukünftig erforderlicher Qualifikationen und beruflicher Kompetenzen

Es werden nun ausgewählte Ergebnisse internationaler und nationaler Forschungsstudien betrachtet, um herauszufinden, welche Branchen und Berufsbilder einen Zuwachs verzeichnen und welche Qualifikationen und Kompetenzen daher zukünftig erforderlich sind. Dabei werden relevante Bereiche bezüglich ihres Qualifikationsbedarfes vorgestellt. Zu klären ist, ob ein genereller Trend in Hinblick auf bestimmte notwendige Kompetenzen in allen Sektoren festgestellt werden kann.

## 5.1 Ergebnisse internationaler Studien

Das Cedefop kommt in der Studie „Skill needs in Europe" von 2008 zu dem Ergebnis, dass in Europa der Trend weg vom Primärsektor (z.B. Landwirtschaft, Rohstoffabbau, Elektrizität, Wasserversorgung) und dem traditionellem Handwerk hin zu Dienstleistungen und einer wissensintensiven Wirtschaft bis zum Jahr 2020 anhält. Daher werden die erstgenannten Sektoren Arbeitsplätze abbauen. Im Bereich der nicht-kommerziellen Dienstleistungen (öffentliche Verwaltung, Bildung, Gesundheits- und Sozialwesen) wird bis zum Jahr 2020 in der EU-25 mit dem stärksten Beschäftigungszuwachs gerechnet. Danach folgen die Bereiche Handel/ kommerzielle Dienstleistungen (Banken, Versicherungen, Computerservice), anschließend die Bereiche Vertrieb/ Transportwesen und Bauwesen.[236] Siehe hierzu auch Abbildung 19 im Anhang. Das heißt, die drei stärksten Wachstumssektoren liegen im Dienstleistungsbereich (sektoraler Strukturwandel).

**Tab. 11: Prognose der Veränderung der Arbeitsplätze nach Industriezweig**

| Sektor | Deutschland | | |
|---|---|---|---|
| | 1996 | 2015 | Veränderung in Prozent |
| Alle Industriezweige | 37.270 | 40.068 | + 7,5 |
| Primärsektor | 1.541 | 953 | - 38,2 |
| Handwerk | 8.212 | 7.285 | - 11,3 |
| Bauwesen | 3.126 | 2.024 | - 35,3 |
| Vertrieb/ Transportwesen | 9.326 | 9.758 | + 4,6 |
| Handel/ kommerzielle Dienstleistungen | 6.748 | 10.367 | + 53,6 |
| öffentliche/ soziale Dienstleistungen | 8.317 | 9.682 | + 16,4 |

| Sektor | Großbritannien | | |
|---|---|---|---|
| | 1996 | 2015 | Veränderung in Prozent |
| Alle Industriezweige | 28.021 | 33.212 | + 18,5 |
| Primärsektor | 784 | 548 | - 30,1 |
| Handwerk | 4.480 | 3.060 | - 31,7 |
| Bauwesen | 1.797 | 2.216 | + 23,3 |
| Vertrieb/ Transportwesen | 8.014 | 9.457 | + 18,0 |
| Handel/ kommerzielle Dienstleistungen | 6.060 | 9.601 | + 58,4 |
| öffentliche/ soziale Dienstleistungen | 6.886 | 8.331 | + 21,0 |

*Angabe der Arbeitsplätze in 1000*

**Quelle**: Eigene Darstellung in Anlehnung an Cedefop: Future skill needs in Europe – Medium-term forecast, Synthesis Report, 2008, S. 67 – 73.

---

[236] Vgl. Cedefop Panorama: Skill needs in Europe – Focus on 2020, 2008, S. 7–8.

Aus Tab. 11 geht hervor, dass sich die Cedefop Ergebnisse der Beschäftigungstrends auch in Großbritannien und Deutschland wiederfinden. Eine Ausnahme bildet der Sektor Bauwesen/ Konstruktion: Während in Deutschland mit einem Abbau der Arbeitsplätze um 35,3 % bis zum Jahr 2015 im Vergleich zu 1996 gerechnet wird, wird für Großbritannien für diesen Zeitraum eine Zunahme der Arbeitsstellen um 23,3 % vorhergesagt. Der Stellenabbau in Deutschland könnte durch den technischen Fortschritt und das Vorhandensein (zu) vieler Arbeitsplätze im Bauwesen begründet sein, während in Großbritannien mehr Arbeitsstellen entstehen und damit eventuell ein bisheriger Fachkräftemangel aufgeholt wird. Die Zahlen sagen jedoch nichts darüber aus, ob die zukünftigen Arbeitsstellen von einheimischen oder von ausländischen Arbeitern besetzt werden können.

In Großbritannien arbeiteten 2006 15,4 % der Beschäftigten als Führungskraft/ Manager, während es in Deutschland nur 5,7 % waren. Gleichzeitig waren in Deutschland in technischen Berufen (20,9 %) und im Handwerk/ Produktion (14,8%) mehr Arbeitskräfte tätig als in Großbritannien (Techniker: 12,3 %, Handwerker: 8,5 %).[237] Dies verdeutlicht die unterschiedliche Wirtschaftsstruktur der Länder. Auch in Deutschland gibt es einen Trend zur Tertiärisierung, denn selbst in großen Industrieunternehmen arbeiten mittlerweile sehr viele Menschen im Dienstleistungsbereich, z. B. im Vertrieb oder der Kundenbetreuung.

Eurostat geht davon aus, dass in Europa im Jahr 2020 ein großer Arbeitskräftemangel bestehen wird, da die arbeitsfähige Bevölkerung bis 2020 um 6 Millionen Menschen abnimmt, gleichzeitig aber 20 Millionen neue Arbeitsstellen geschaffen werden und 85 Millionen Arbeitsplätze durch Renteneintritte oder aus anderen Gründen neu besetzt werden müssen.[238] Dies begründet die Notwendigkeit der konsequenten Vorhersage und Anpassung der Arbeitskräfte an die Arbeitsstellen.

**Tab. 12: Vorhergesagte Veränderungen der Arbeitsstellen nach Berufsgruppen von 2006-2015 in Prozent**

| Berufsgruppen | Deutschland | Großbritannien |
|---|---|---|
| 1: Militär | + 4,3 | - 8,5 |
| 2: Richter, höher Beamte, Führungskräfte, Manager | - 3,8 | + 26,3 |
| 3: Fachpersonal/ Fachkräfte | + 10,3 | - 11,8 |
| 4: Techniker, Meister, Facharbeiter, Monteur | + 4,1 | - 11,2 |
| 5: Angestellte | - 12,3 | - 11,5 |
| 6: Arbeiter im Dienstleistungssektor, Verkäufer | + 16,7 | + 4,6 |
| 7: Ausgebildete landwirtschaftliche Arbeiter | - 21,4 | + 19,5 |
| 8: Handwerker | + 2,4 | - 3,8 |
| 9: Maschinenführer, Fertigungsarbeiter | - 1,4 | + 28,8 |
| 10: Einfache Berufe, Hilfsarbeitskräfte | + 24,0 | + 5,3 |

**Quelle**: Eigene Darstellung in Anlehnung an Cedefop: Future skill needs in Europe – Medium-term forecast, Synthesis Report, 2008, S. 79.

Betrachtet man den Zuwachs bzw. die Abnahme von Arbeitsplätzen in bestimmten Berufsgruppen in Deutschland und Großbritannien, so lassen sich in den Gruppen 5, 6 und 8 keine großen Unterschiede feststellen. Im Dienstleistungssektor (6) und bei den einfachen Berufen (10) wird für beide Länder ein Zuwachs prognostiziert. Der Bedarf an Fachkräften und Fach-

---

[237] Vgl. Cedefop: Future skill needs in Europe, Medium-Term Forecast, Synthesis Report, 2008, S. 76.
[238] Vgl. Eurostat, Bevölkerungsvorausschätzungen,
http://epp.eurostat.ec.europa.eu/portal/page/portal/population/data/database, letzter Zugriff am 06.07.2009.

arbeitern verzeichnet hingegen nur in Deutschland einen Zuwachs. Dagegen steigt in Groß-britannien die Zahl der Arbeitsplätze der Führungskräfte/ Manager (Hochqualifizierte, Gruppe 2) und Maschinenarbeiter (geringer Qualifizierte, Gruppe 9) stark an, während Arbeitsstellen mittlerer bis höherer Qualifikation (Gruppen 3 bis 5) abnehmen.

Für hochqualifizierte nicht-manuelle Tätigkeiten wie Verwaltungskräfte, Marketing-, Logistik- und Vertriebsmanager, IT-Systemadministratoren, Lehrkräfte und Techniker werden bis 2010 zusätzliche Arbeitsplätze vorausgesagt.[239] Dabei ist die Veränderung der Arbeitsstellen nicht gleichzusetzen mit der Veränderung der benötigten Arbeitnehmerqualifikation. Arbeitsstellen mit geringen Anforderungen werden zunehmend von Arbeitskräften mit mittlerer Qualifikation besetzt und Arbeitsplätze mittlerer Qualifikation von höher qualifizierten Arbeitnehmern. Es wird auf allen Ebenen ein „upskilling" Trend verzeichnet, also die Notwendigkeit zu einer Hö-herqualifizierung.

Die Trends der benötigen Arbeitsstellen lassen auf den ersten Blick keinen direkten Rück-schluss auf benötigte Kompetenzen zu. Aber sie geben eine Orientierungsmöglichkeit für den Ausbildungsweg jedes Einzelnen und haben Auswirkungen auf die in der Zukunft benö-tigten beruflichen Kompetenzen. Da beispielsweise mehr Leute im Dienstleistungsbereich arbeiten, müssen Beschäftigte besser qualifiziert sein und über andere Kompetenzen verfü-gen, z.B. umfassende IKT-Kenntnisse haben. Die Nachfrage nach Arbeitnehmern mit mittle-rer und hoher Qualifikationsebene wird demnach steigen. Die Wahrscheinlichkeit, arbeitslos zu werden, steigt daher für die Personengruppe Geringqualifizierter, wenn sie sich nicht ge-zielt weiterbildet.

An dieser Stelle wird erneut der Zusammenhang zwischen der statistischen Auswertung in Kapitel 3 und der Notwendigkeit der Qualifizierung der Arbeitnehmer mit mittlerer Qualifikati-on in Großbritannien verdeutlicht. Das Cedefop geht davon aus, dass 2020 rund 31,5 % der Arbeitsstellen eine hohe Qualifikation benötigen und 50 % mittlere Qualifikationen.[240] Vgl. hierzu auch die entsprechende Grafik über die Entwicklung der Qualifikationsebenen, Abbil-dung 20 im Anhang.

Zur Verdeutlichung des technologischen Wandels und seiner Auswirkungen sei hier eine Studie des Cedefop von 2006 erwähnt, die spezifische Qualifikationserfordernisse in der Nanotechnologie untersuchte und zu dem Ergebnis kommt, dass durch eine zunehmende Ausrichtung der Forschung auf diesen Bereich ein steigender Fachkräftebedarf im Bereich Forschung und Entwicklung (FuE) besteht. Der Bedarf an gut ausgebildetem Personal in industriellen Arbeitsbereichen (Produktion, Qualitätssicherung, Marketing, Vertrieb) wird stei-gen. Unternehmen der Nanotechnologie benötigen Naturwissenschaftler, Ingenieure und Mitarbeiter mit mittlerer Qualifikation. Dagegen ist die Nachfrage nach an- und ungelernten Mitarbeitern sehr gering. Unternehmen setzen also in erster Linie auf gutqualifizierte Mitar-beiter der hohen (Akademiker) und mittleren Qualifikationsebene.

In Europa werden die meisten Studiengänge für Nanotechnologie in Großbritannien angebo-ten. Aber auch in Deutschland wurden zunehmend entsprechende Studiengänge eingerich-tet. Im Bereich der mittleren Qualifikation werden in der EU dagegen noch vergleichsweise

---

[239] Vgl. Cedefop: 2010 im Blickpunkt der Bewertung, 2008, S. 35.
[240] Vgl. Cedefop Panorama: Skill needs in Europe – Focus on 2020, 2008, S. 12.

wenige Weiterbildungs- und kaum Erstausbildungsmaßnahmen angeboten. Fachkräfte mit mittlerer Qualifikation brauchen insbesondere interdisziplinäre Kenntnisse und ein hohes Maß an Sozialkompetenz für die in den Unternehmen ablaufenden Kooperations- und Innovationsprozesse.[241]

Wie bereits unter Kapitel 1.4 dargelegt, hat die EU einen Europäischen Rahmen mit Schlüsselkompetenzen für das lebenslange Lernen angenommen. In diesem Rahmen werden folgende acht Schlüsselkompetenzen genannt:[242]

- muttersprachliche Kompetenz (mündlicher/ schriftlicher Ausdruck, Interpretation);
- fremdsprachliche Kompetenz;
- mathematische Kompetenz und grundlegende naturwissenschaftlich-technische Kompetenz;
- Computerkompetenz (sichere Anwendung der Technologien, IKT-Grundkenntnisse);
- Lernkompetenz;
- soziale Kompetenz und Bürgerkompetenz (personelle, interkulturelle Kompetenz, Politikverständnis);
- Eigeninitiative und unternehmerische Kompetenz (Kreativität und Innovation zur Projektplanung und -umsetzung);
- Kulturbewusstsein und kulturelle Ausdrucksfähigkeit (Anerkennung der Bedeutung von Kunst).

Diese Schlüsselkompetenzen werden laut Erkenntnis der EU benötigt, damit sich jeder Einzelne an die sich ändernden Bedingungen im Bildungs- und Beschäftigungsbereich flexibel anpassen kann und zukünftig beschäftigungsfähig bleibt.

Im Rahmen der PISA-Studie hat die OECD Schlüsselkompetenzen als erforderliche Kenntnisse und Fähigkeiten für eine umfassende Beteiligung an der Gesellschaft definiert und in drei Kategorien gegliedert: interaktive Anwendung von Medien und Mitteln, Interagieren in heterogenen Gruppen, autonome Handlungsfähigkeit.[243]

In der Mitteilung der EU-Kommission von 2007 zu den IKT-Kompetenzen für das 21. Jahrhundert[244] wird Handlungsbedarf bezüglich der Computerfähigkeiten („e-Skills") gesehen, da es in den EU-Ländern sonst zu Arbeitskräfteengpässen in diesem Bereich kommen kann. Aus einer Angebots-/Nachfragestudie der Europäischen Kommission von 2005 geht hervor, dass im Bereich der IKT-Kompetenzen die geschätzte Anzahl der in Beschäftigung stehenden IT-Experten von 1998-2004 um etwa 48 % zugenommen hat.[245] In einem Wirtschaftsbericht von 2005 wird für die nächsten 3-5 Jahre ein europaweiter Mangel von bis zu einer halben Million hochqualifizierter IT-Fachleute prognostiziert.[246] Die Zahl hochqualifizierter IKT-Experten ist zurückgegangen, was sich auch im Rückgang der Studienanfänger äußert. IKT-Kenntnisse müssen heutzutage zur Allgemeinbildung gehören. Der technologische Wandel

[241] Vgl. Cedefop Panorama: Ermittlung von Qualifikationserfordernissen in der Nanotechnologie, 2006, S. 32 – 46.
[242] Vgl. Empfehlung des Europäischen Parlaments und des Rates vom 18. Dezember 2006 zu Schlüsselkompetenzen für lebensbegleitendes Lernen. ABl. L 394 vom 30.12.2006, S. 10-18.
[243] Vgl. OECD: Definition und Auswahl von Schlüsselkompetenzen - Zusammenfassung, 2005, S. 5 – 7.
[244] Vgl. Mitteilung der Kommission der Europäischen Gemeinschaften KOM(2007) 496 endgültig vom 07.09.2007.
[245] Vgl. RAND Europe: The Supply and Demand of e-skills in Europe, 2005, S. 34.
[246] Vgl. International Data Corporation (IDC) Weißbuch: Networking Skills in Europe, 2005, S. 1.

bringt die Notwendigkeit mit sich, IKT-Kompetenzen zu erhalten und weiterzuentwickeln.[247] Daten von Eurostat zufolge verfügen mehr als 60 % der Menschen in der EU mit einem Bildungsabschluss unter Sekundarstufe I über keine IKT-Grundkenntnisse und haben es daher viel schwerer an weiterer Bildung, lebenslangem Lernen oder Qualifizierungsmaßnahmen teilzunehmen.[248]

In der Kommissionsmitteilung „Neue Kompetenzen für neue Beschäftigungen" wird ebenfalls auf die Cedefop-Analysen verwiesen und davon ausgegangen, dass im Jahr 2020 beinahe drei Viertel der Arbeitsplätze in den Dienstleistungssektor fallen. Besonders in den Bereichen der Dienstleistungen für Unternehmen (IKT, Versicherungen), der Gesundheits- und Sozialfürsorge sowie des Hotelgewerbes wird langfristig mit einer Zunahme an Arbeitsplätzen gerechnet. Für das Baugewerbe wird davon ausgegangen, dass sich die Situation stabilisiert, während in der verarbeitenden Industrie[249] mit einem Nettoverlust von 800.000 Arbeitsplätzen für die gesamte EU gerechnet wird.[250] Im Dienstleistungsbereich wird der Kenntnishorizont erweitert. IKT-Beschäftigte müssen Marketing- oder Managementkompetenzen entwickeln. Dienstleister müssen kundenorientiert arbeiten und digitale Kenntnisse haben. In wissensintensiven Bereichen werden Managerfähigkeiten benötigt. Schlüsselkompetenzen wie Problemlösungs- oder Kommunikationsfähigkeit (soft skills) oder analytische und sprachliche Kompetenzen werden zunehmend von Arbeitgebern nachgefragt.[251]

Der im März 2009 auf dem 7. European Business Summit in Brüssel vorgestellte Bericht „Who cares? Who dares?" kommt zu dem Ergebnis, dass ein mangelndes Interesse von Jugendlichen an Naturwissenschaften besteht und dieses geweckt werden muss, um zukünftig den Arbeitsmarktbedarf an Naturwissenschaftlern decken zu können. Die Studie berichtet außerdem, dass Europa in Grundkenntnissen und der Allgemeinbildung relativ gut abschneidet, aber trotzdem nur schwer mit der globalen Wissensgesellschaft konkurrieren kann. Ein hohes Bildungsniveau stelle noch keine Garantie für nachhaltige Wettbewerbsfähigkeit dar und es wird zu einem „Europäischen Beschäftigungspakt" zwischen Europas Lehrkräften, Arbeitgebern, Investoren, Politikern und Bürgern aufgefordert.[252]

## 5.2 Ergebnisse deutscher Prognosen und Forschungen

Die Bund-Länder-Kommission (BLK) kommt in ihrer zuletzt veröffentlichen Analyse über den Arbeitskräftebedarf in Deutschland bis 2015 zu dem Ergebnis, dass der Trend zur Höherqualifizierung und somit der Anteil an Hochschulabsolventen weiter steigt. Dies wird durch den Abbau von Arbeitsplätzen für Geringqualifizierte in der Industrie und einer Zunahme von Arbeitsplätzen im Dienstleistungssektor begleitet. Arbeitskräfte mit abgeschlossener Berufsausbildung werden ab 2015 zunehmend benötigt, somit sind Personen ohne Berufsabschluss die „Verlierer" am Arbeitsmarkt, was durch den Abbau von Einfacharbeitsplätzen verstärkt wird. Das Angebot an Arbeitskräften ohne Berufsausbildung wird somit den Bedarf übersteigen. Besonders problematisch stellt sich die Situation in Ostdeutschland dar, wo die

---

[247] Vgl. Mitteilung der Kommission der EG KOM(2007) 496 endgültig vom 07.09.2007, S. 5.
[248] Vgl. Demunter, C.: Wie kompetent sind die Europäer im Umgang mit Computern und dem Internet? Eurostat Statistik kurz gefasst 17/2006, S. 3.
[249] Verarbeitendes Gewerbe i.S.v. Grundstoff- und Produktionsgütergewerbe, das Investitionsgüter produzierende Gewerbe, das Verbrauchsgüter produzierende Gewerbe sowie das Nahrungs- und Genussmittelgewerbe.
[250] Vgl. Mitteilung der Kommission KOM (2008) 868 endgültig vom 16.12.2008, S. 7.
[251] Vgl. Mitteilung der Kommission KOM (2008) 868 endgültig vom 16.12.2008, S. 8 – 9.
[252] Vgl. INSEAD Studie: „Who cares? Who dares?", 2009, S. 4 – 22 .

zunehmende Abwanderung von Fachkräften und der sich dadurch verstärkende demographische Wandel zu Engpässen bei qualifizierten Arbeitskräften führen. Neue Arbeitsplätze entstehen vor allem in innovativen Dienstleistungsbereichen, wie der IKT oder Biotechnologie. Daher muss das Personal hierfür hochqualifiziert und zur Lösung komplexer Probleme fähig sein.[253]

In Deutschland fehlen nach Berechnungen des Verein der deutschen Ingenieure (VDI) knapp 100.000 *Ingenieure*. Im Vergleich zu anderen Staaten ist das scheinbar ein deutsches Problem.[254] Dies lässt sich zum einen durch den demographischen Wandel und das damit verbundene Ausscheiden von älteren Ingenieuren bei gleichzeitig geringem Anteil von Studienabsolventen erklären. Auch ist Deutschland kein Billiglohnland, sondern eine Industrienation, und der Wandel hin zu Hochtechnologien erfordert viele hochqualifizierte Arbeitskräfte. Ingenieure müssen gezielt soft skills geschult bekommen, nicht nur technisches Fachwissen.

Das Projekt „Ermittlung von Trendqualifikationen als Basis der Früherkennung von Qualifikationsentwicklungen" der FreQueNz–Initiative hat die *Tourismusbranche* untersucht. Die Tourismusindustrie gehört zu einer Wachstumsbranche und wird durch neue Faktoren wie erlebnisorientiertes Freizeitverhalten, zunehmende Individualisierung, demografische Entwicklung (Zunahme von Alleinreisenden, Senioren) und wachsendes Gesundheitsbewusstsein verändert. Diese Trends wirken sich auch auf die Anforderungen an das Fachpersonal aus. Es wurde im genannten Projekt herausgefunden, dass insbesondere auf Ebene der mittleren Qualifikation gut ausgebildetes Fachpersonal fehlt. Von Arbeitgebern werden der Mangel an grundlegenden Touristikkenntnissen, Kundenorientierung und der Fähigkeit zu computerbasiertem Arbeiten mit Buchungssystemen bemerkt. Außerdem fehlt hiernach oft die soziale Kompetenz, insbesondere im direkten Kundengespräch. Daraufhin wurden neun komplexe Qualifikationsbündel mit Kurzbeschreibungen erstellt (z.B. Traveldesigner, Reiseleiter für Behinderte, Reisebürobetreuer). Diese enthalten Tätigkeitsinhalte und Qualifikationsmerkmale ähnlich den Kurzbeschreibungen von Berufsbildern der Bundesagentur für Arbeit. Dadurch sollen den Verantwortlichen (Sozialpartner, Regierung) Anregungen und Impulse zur Verbesserung oder Erneuerung der Aus- und Weiterbildung sowie für Berufsbilder gegeben werden.[255]

Ein weiteres Projekt aus dem FreQueNz Netzwerk hat Veränderungen in der *Automobil-Branche* untersucht.[256] Dabei wurde festgestellt, dass von den zehn für das Kfz-Handwerk wichtigsten zukünftigen Qualifikationsthemen acht einen technikübergreifenden Bezug haben. Messen, Regeln, Analysieren, Recherchieren, Diagnostizieren und Kommunizieren treten in den Vordergrund der Kompetenzerwartungen. Das Internet wird zum Informationsmedium für Wartung, Reparatur und Instandsetzung von Fahrzeugen und erfordert von den Beschäftigten einen entsprechend sicheren Umgang damit. Telediagnose und Werkstattver-

---

[253] Vgl. BLK: Zukunft von Bildung und Arbeit, Perspektiven von Arbeitskräftebedarf und -angebot bis 2015, 2001, S. 4 – 6.

[254] Vgl. Freiling, T./ Galiläer, L./ Weber, H.: Höherqualifizierung im Berufsbildungssystem – Handlungsfelder für die Früherkennungsforschung, in: FreQueNz Newsletter 2008, S. 8.

[255] Vgl. Abicht, L./ Freikamp, H./ Preuss, B.: Qualifikationsentwicklung im Tourismus, Branchenbericht zum Projekt Trendqualifikationen als Basis zur Früherkennung von Qualifikationsentwicklungen, in: Cedefop: Ermittlung künftiger Qualifikationserfordernisse, 2005, S. 152 – 262.

[256] Projekt "Branchenspezifisches Informationssystem zur betrieblichen Qualifikationsentwicklung unter Nutzung der Netzwerke der Wirtschaft"

netzung werden zu innovativen Dienstleistungen des Kfz-Handwerks.[257] Es ist demnach erkennbar, dass bestimmte Berufe vorhanden bleiben, das Erlernen eines Berufes heute jedoch nicht mehr die gleichen fachlichen Kompetenzen umfasst wie noch vor 15 Jahren. Der technische Fortschritt hat Berufsbilder geändert.

Die bereits erwähnte, vom BIBB durchgeführte Stellenanzeigenanalyse des *IT-Bereiches* ergab hohe Qualifikationsanforderungen an neue Mitarbeiter. Die Studie fand heraus, dass über ein Fünftel der angebotenen Stellen sechs Monate nach den Inseraten noch immer unbesetzt war. Arbeitgeber nannten den Mangel an umfassenden Fachkenntnissen und soft skills bei den Bewerbern als Gründe dafür. Unternehmen legen oft mehr Wert auf spezifisches Fachwissen als auf formale Abschlüsse. Neben dem fachlichen Know-how sind Team- und Kooperationsfähigkeit, Problemlösungskompetenz sowie Kommunikationsfähigkeit für eine Stellenbesetzung ausschlaggebend. Außerdem wird von Mitarbeitern des IT-Sektors aufgrund der ständigen technologischen Veränderungen und Innovationen eine hohe Bereitschaft zur Weiterbildung sowie Kunden- und Dienstleistungsorientierung verlangt.[258]

Eine Analyse des IAB geht davon aus, dass ab 2020 bis 2025 demographisch bedingt die Zahl der Erwerbstätigen in Deutschland wieder sinkt. Beschäftigungsgewinne werden für Westdeutschland vorhergesagt, in den neuen Bundesländern wird mit einem weiteren Beschäftigungsabbau in den nächsten 10 bis 15 Jahren gerechnet. Generell wird auch hier der sektorale Wandel bestätigt: Arbeitsplätze im verarbeitenden Gewerbe werden weiterhin massiv abgebaut, das Dienstleistungsgewerbe, insbesondere das unternehmensbezogene, nimmt zu. Das Missverhältnis von Arbeitsmarktangebot und -nachfrage kann in Deutschland nur vermindert werden, wenn der künftige Arbeitskräftebedarf nicht nur quantitativ, sondern auch qualitativ gedeckt werden kann, also einem Fachkräftemangel vorgebeugt wird.[259]

Der IAB-Forschungsbericht 2008 fand heraus, dass in den letzten Jahren die Nachfrage nach Fachkräften in Deutschland gestiegen ist, aber die Schwierigkeiten bei der Besetzung von Stellen mit Fachkräften zugenommen haben, insbesondere in der Wissenswirtschaft. Der Anteil der Betriebe, die offene Fachkräftestellen nicht vollständig besetzen konnten, ist im Vergleich zu 2005 angestiegen. Dies verdeutlicht strukturelle Probleme. Ob Unternehmen alle Stellen besetzen können, hängt neben externen Faktoren auch von der Personalpolitik ab. Diejenigen Betriebe, die gezielt personalpolitische Maßnahmen wie Aus- und Weiterbildung oder Nachfolgeplanung beim Ausscheiden älterer Beschäftigter nutzen, haben seltener Probleme bei der Stellenbesetzung. In den Branchen des produzierenden Gewerbes hat die betriebliche Ausbildung nach wie vor eine große Bedeutung. In Sektoren mit einem großen Anteil hochqualifizierter Beschäftigter – hier handelt es sich überwiegend um den Dienstleistungsbereich – spielt demnach Weiterbildung eine größere Rolle. Die Analyse zeigt, dass die Wissenswirtschaft einen besonderen Stellenwert in der deutschen Wirtschaft hat.[260]

---

[257] Vgl. Bromberger, N./ Esser, F.H.: Entwickeln sich junge Branchen evolutionär? Ausgewählte Ergebnisse der Kfz-Branche, in: Cedefop: Ermittlung künftiger Qualifikationserfordernisse, 2005, S. 180 – 187.
[258] Vgl. Bott, P.: Qualifikationsanforderungen der Betriebe in Zeiten strukturellen Wandels am Beispiel der IT-Branche in Deutschland, in: Cedefop: Ermittlung künftiger Qualifikationserfordernisse, 2005, S. 202.
[259] Vgl. IAB Kurzbericht Nr. 26/ 21.12.2007 der Bundesagentur für Arbeit: Arbeitskräftebedarf bis 2025 – Die Grenzen der Expansion, 2007.
[260] Vgl. IAB-Forschungsbericht 3/2008: Langfristig handeln, Mangel vermeiden: Betriebliche Strategien zur Deckung des Fachkräftebedarfs, Ergebnisse des IAB-Betriebspanels 2007, S. 33 – 62.

Neueste Ergebnisse von IAB Analysen besagen, dass die offenen Stellen im ersten Quartal 2009 zurückgegangen sind. Dies betraf nahezu ausschließlich Westdeutschland, da die ostdeutsche Wirtschaft weniger exportabhängig und daher von der Wirtschaftskrise bislang weniger hart betroffen ist.[261] Dies zeigt den konjunkturellen Einfluss der momentanen Krise.

Das Institut für Strukturpolitik und Wirtschaftsförderung (isw) hat ebenfalls seit Ende der 90er Jahre Trendqualifikationen in bestimmten Bereichen ermittelt und diese im Rahmen des FreQueNz Netzwerkes vorgestellt. Eine Übersicht über einzelne Branchenergebnisse befindet sich im Anhang in Abbildung 21. Zusammengefasst wurde hierbei die Notwendigkeit folgender Kompetenzen für fast alle Sektoren herausgefunden: soft skills, technisches Sachverständnis, Kundenorientierung, Verhandlungsfähigkeit, umfassende IKT-Kenntnisse.[262]

Das FreQueNz Projekt „Früherkennung von Qualifikationsentwicklungen bei einfacher Arbeit" kommt zu dem Ergebnis, dass vielschichtigere Arbeitsabläufe, die durch betriebs- und arbeitsplatzspezifische Verknüpfungen mit manuellen Tätigkeiten entstehen, Kompetenzen wie Verantwortungsbewusstsein, Entscheidungsfähigkeit, Kommunikationsfähigkeit und Verständnis für komplexere Prozesse, für Geringqualifizierte zunehmend notwendig sind.[263]

Das FreQueNz Projekt AdeBar hat für den Bereich der kaufmännischen Bürotätigkeiten folgende Anforderungen an Fachkräfte herausgefunden: Kundenorientierung, flexibles und eigenverantwortliches Handeln, kommunikative Qualitäten, Gesamtverständnis für das Unternehmen und den Markt sowie Erfahrungswissen. Bürofachkräfte müssen demnach in der Lage sein, mit ständig wechselnden Aufgabenstellungen umzugehen und systematisch neues Wissen zu erwerben. Hinsichtlich IKT-Qualifikationen werden allgemeine Kenntnisse verlangt, keine speziellen Kompetenzen. Ausgeprägte soft skills, wie Kundenorientierung und Kooperationsfähigkeit, wurden von den Personalverantwortlichen mehr als fachliche Qualifikationen verlangt.[264]

Auch das regionale Berichtssystem des Fachkräftemonitors kommt zu dem Ergebnis, dass insbesondere in Ostdeutschland eine hohe Mismatch-Situation vorhanden ist und Arbeitskräfte im Bereich Gesundheitsdienstleistungen sowie Maschinenbauingenieure fehlen. Durch die Vielzahl lokal angesiedelter Optikunternehmen um die Region Jena und den altersbedingt notwendigen Personalersatz wird hier ein zunehmender Bedarf an Glasbearbeitern, Feinmechanikern und Elektrotechnikern prognostiziert.[265]

## 5.3 Ergebnisse britischer Prognosen und Forschungen

Der LSC hat die Studie „Skills in England 2007" veröffentlicht, die in vier Bänden detailliert Qualifikationserfordernisse, Arbeitsmarkt-Mismatches sowie sektorale und regionale Veränderungen auswertet. Die wichtigsten Ergebnisse sind: Durch das Wirtschaftswachstum gibt es verstärkte Nachfragen nach höheren Qualifikationsebenen. Der Strukturwandel erfordert in England mehr Arbeitkräfte in den Bereichen Finanz- und Geschäftsdienstleistungen, Ver-

---

[261] Vgl. IAB Kurzbericht Nr. 11/ 2009 der Bundesagentur für Arbeit, 2009.
[262] Vgl. Studie des isw Institut (Abicht, L./ Freikamp, H.): Ermittlung von Trendqualifikationen als Basis zur Früherkennung von Qualifikationserfordernissen, Schlussbericht zum Projekt, 2007, S. 7 – 33.
[263] Vgl. FreQueNz Homepage: www.frequenz.net, letzter Zugriff am 27.06.2009.
[264] Vgl. FreQueNz Homepage: www.frequenz.net, letzter Zugriff am 27.06.2009.
[265] Vgl. Behr, M./ Engel, T./ Weiss, A.: Berichtssystem zur Früherkennung von Personal- und Qualifizierungsbedarf, 2004, S. 7, 14.

trieb, Hotelservice und Catering, Bildung und Gesundheit. Ein Rückgang an Arbeitsstellen wird in der Primärindustrie und im Handwerk verzeichnet. Es werden zunehmend Geschäftsführer/ Manager, Fachpersonal, Dienstleistungskräfte und Verkaufspersonal benötigt. Formale Qualifikationsnachweise werden zukünftig stärker von Arbeitgebern verlangt.[266]

Das Institute for Employment Research (IER) veröffentlichte 2006 den Bericht: "Working Futures 2004-2014". Die aus mehreren Untersuchungen bestehende nationale Studie kommt zu dem Ergebnis, dass ein schnelles Wachstum in den Sektoren Technologie und Forschung und Entwicklung, insbesondere in den Bereichen Chemie, Technik und Ingenieurwesen, zu erwarten ist. Ebenfalls werden für das Kommunikationswesen im Bereich Vertrieb/ Transport und Computerdienstleistungen starke Zuwächse vorhergesagt. Ein Rückgang von Arbeitsstellen wird für die Bereiche Grundversorgung (Gas, Wasser, Elektrizität) und Textilhandwerk prognostiziert, während mit einer leichten Zunahme von Arbeitsplätzen im Einzelhandel sowie im Bildungs- und Gesundheitsbereich gerechnet wird. Diese Ergebnisse verändern auch Berufsstrukturen: Geschäftsleiter/ Manager, Sicherheitskräfte sowie Arbeitskräfte in den Bereichen Kultur-/ Medienberufe, Sozialberufe und Kundenserviceberufe werden für den veränderten Arbeitsmarkt verstärkt benötigt. Ein Rückgang an Arbeitsplätzen wird dagegen bei Verwaltungsberufen, Bürokräften, Handwerkern sowie qualifizierten Handelsberufen prophezeit.[267] Diese Ergebnisse decken sich mit den Angaben aus den Tabellen 11 und 12.

Ein SSC ist der Asset Skill Council, zuständig für die Bereiche Facility Management, Reinigung, Immobilien. Dieser veröffentlichte 2006 einen Bericht über die Bewertung regionaler Qualifikationen und kam zu dem Ergebnis, dass der Immobilien- und Wohnungssektor infolge erheblicher Qualifikationslücken eine unterdurchschnittliche Produktivität aufwies. Daraufhin legte er neun berufliche Prioritäten für den Sektor fest, die für Arbeitskräfte notwendig sind. Dies sind z.B.: Ausbildung in der Kundenbetreuung für den gesamten Sektor, Entwicklung eines arbeitsplatzgerechten Qualifikationsrahmens, Vermittlung von Qualifikationen im IKT-Bereich, Verbesserung der Lese-, Schreib- und Rechenkenntnisse am Arbeitsplatz oder Ausbildung für diejenigen, die am Arbeitsplatz am meisten benachteiligt sind.[268]

Cogent ist ein weiterer SSC, zuständig für den Bereich Chemie, Öl, Gas, Nukleares. Dieser veröffentlichte ebenfalls eine Studie über den erforderlichen Qualifikations- und Kompetenzbedarf für diesen Sektor. Hierbei wurden Kompetenzdefizite auf verschiedenen Führungsebenen festgestellt, insbesondere in den Bereichen Verkauf, Sicherheit, Gesundheit, Umwelt und Geschäftstechnik. Da Führungskräfte in einem Unternehmen auf allen Ebenen benötigt werden, wird für diese eine gezielte Weiterbildung empfohlen. Obwohl die Branche zukünftig voraussichtlich nicht stark wächst (vgl. hierzu auch Tab. 12), werden qualifizierte Fachkräfte als Ersatz für das altersbedingte Ausscheiden von Arbeitskräften benötigt. In Umfragen bei Arbeitgebern wurde durch Cogent ein Defizit bezüglich folgender Kompetenzen festgestellt: technische und praktische Fertigkeiten, Bereitschaft zum Erlernen neuer Techniken, die durch neue Technologien entstehen, Fehlen von soft skills bei Führungskräften sowie fehlende IKT-Kenntnisse.[269] Im Umkehrschluss verlangt die Branche nach Ingenieuren und Wissenschaftlern, um Produkte und Prozesse zu verändern und innovativ zu gestalten.

---

[266] Vgl. Learning and Skills Council (LSC): Skills in England 2007, Volume 1: Key Messages, 2007, S. 21.
[267] Vgl. IER (Wilson, R./ Homenidou, K./ Dickerson, A.): Working Futures 2004–2014, 2006, S. xiv–xv.
[268] Vgl. Asset SSC Homepage: http://www.assetskills.org/home/home.asp, letzter Zugriff am 03.06.2009.
[269] Vgl. Cogent SSC: A Skill Needs Assessment of the Cogent Sector, 2006, S. 52–72.

Der SSC für Tourismus – People1st[270] – hat für England insbesondere folgende Qualifikationsdefizite in diesem Sektor herausgefunden: Manager verfügen nicht über die erforderliche Führungskompetenzen, Mitarbeiter genügen nicht den Kundendienstanforderungen, zu wenig Köche verfügen über Kochkenntnisse mittleren Niveaus. Hohe Fluktuationsraten und fehlende Fachkräfte haben dazu geführt, dass nur 70 % der Stellen im Tourismussektor besetzt sind. Das bedeutet, dass in Großbritannien in den Bereichen Management, Kundenservice, fachliches Handwerk und Stellenneubesetzung im Tourismussektor Missstände vorhanden sind. Der Leitch Review hat für diesen Sektor die Notwendigkeit von Qualifikationen mittleren Niveaus betont. Beschäftigungsprognosen sagen für diesen Bereich in England einen Zuwachs von ca. 765.000 Arbeitsplätzen in den nächsten 10 Jahren voraus. Da schon jetzt viele Arbeitsstellen nicht mit geeignetem Personal besetzt werden können, besteht hier großer Handlungsbedarf in der Qualifizierung von Beschäftigten.[271] Arbeitgeber verlangen vor allem interkulturelle Kompetenzen, das Beherrschen einer Fremdsprache und soft skills wie kundenorientierte Problemlösungs- oder Kommunikationskompetenz.

Laut Institute of the Motor Industry (IMI), dem SSC der Automobilindustrie,[272] benötigt dieser Sektor vom Personal im Kfz-Handwerk Mindestkenntnisse in Englisch, Mathematik und IKT. Arbeitskräfte müssen die Bedeutung von Technik, Design, Materialien, Systemen, Pflege, Instandhaltung und Herstellung verstehen. Aber auch Teamfähigkeit, Selbstmanagement, Kommunikationsfähigkeit und Selbstsicherheit werden verlangt.[273] Auch hier spielen also nicht nur neue Qualifikationserfordernisse eine Rolle, die sich aus der Zunahme technischer Prozesse ergeben, sondern auch soziale Kompetenzen.

Der Leitch Review of Skills kam zu dem Ergebnis, dass die Nachfrage nach hohen Kompetenzen auf allen Berufsebenen zunimmt: Auf höherer Ebene, um Mitarbeiterführung, Geschäftsleitung und Innovation zu fördern. Auf mittlerer Qualifikationsebene, um Investitionen durchzuführen. Auf unterer Ebene sind Grundfertigkeiten essenziell, damit Arbeitskräfte sich den Veränderungen anpassen können. Defizite bei britischen Arbeitskräften wurden im Bereich der Schreib- und Rechenkompetenzen und des generellen Allgemeinwissens festgestellt. Insbesondere mittlere Qualifikationen sind für den Arbeitsmarkt bis zum Jahr 2020 erforderlich und sollten durch verstärkte Ausbildungsangebote verbessert werden.[274]

Die regelmäßig stattfindende Arbeitgeberbefragung durch den LSC in England (zuletzt „National Employers Skills Survey 2007") stellten ebenfalls fest, dass es in allen Branchen insbesondere an qualifizierten Fachkräften fehlt, also der mittleren Qualifikationsebene.[275] Außerdem wurden bezüglich soft skills (speziell bei Kundendiensten, Teamarbeit, Problemlösungsfähigkeit) Kompetenzdefizite ermittelt. Außerdem besteht bei grundlegenden Schreib- und Rechenkenntnissen Qualifikationsbedarf. Kompetenzmängel gibt es auch bei technischen und praktischen Fertigkeiten sowie bei Führungsfähigkeiten. Allein im Bereich der IKT-Kenntnisse konnte ein Kompetenzzuwachs festgestellt werden.[276]

---

[270] Vgl. People1st Homepage: http://www.people1st.co.uk, letzter Zugriff am 14.07.2009.
[271] Vgl. People1st SSC: Raising the Bar, Nationale Qualifikationsstrategie für Gastfreundschaft, Freizeit, Reise- und Tourismussektor in England, 2008, S. 5 – 6.
[272] Vgl. Institute of the Motor Industry (IMI) Homepage: http://www.motor.org.uk, letzter Zugriff am 10.07.2009.
[273] Vgl. Institute of the Motor Industry (IMI): Policy Statement on Key Skills, http://www.motor.org.uk/standards-and-qualifications/keyskills.html, letzter Zugriff am 14.07.2009.
[274] Vgl. Leitch Review of Skills, Final Report, 2006, S. 13.
[275] Vgl. Learning and Skills Council (LSC): National Employers Skills Survey 2007: Main Report, 2008, S. 14.
[276] Vgl. Learning and Skills Council (LSC): National Employers Skills Survey 2007: Key Findings, 2008, S. 9.

## 5.4 Bewertung der Ergebnisse und Zwischenfazit

Der Strukturwandel von Landwirtschaft und Handel zu Dienstleistungsjobs bzw. wissensintensiven Arbeitsstellen wurde in den Prognosen sowohl für Deutschland als auch für Großbritannien bestätigt. Dadurch entstehen mehr Arbeitsplätze der mittleren Qualifikationsebene im Dienstleistungs-/ Servicebereich. Insbesondere die Informationsmedien stellen Arbeitskräfte vor neue berufliche Herausforderungen.

Primärsektor und Handwerk bleiben Beschäftigungsgebiete, auch wenn hier Arbeitsplätze abgebaut werden.[277] Die benötigten Kompetenzen in diesen Bereichen ändern sich jedoch.

Diese Ergebnisse ermöglichen die Beantwortung der dritten Forschungsfrage der Untersuchung, welche beruflichen Kompetenzen und Qualifikationen zukünftig erforderlich sind.

Der Bedarf an hochqualifizierten Kräften im Dienstleistungsbereich wird in der gesamten EU steigen, und zwar in bestimmten Berufen (Management/ Führungskräfte, Wissenschaftler, Ingenieure) und bestimmten Branchen (unternehmensnahe Dienstleistungen). Schwierig wird es für Bürokräfte und Arbeiter im verarbeitenden Gewerbe. Für alle Branchen sind umfassende IKT-Kenntnisse notwendig, so dass der Bedarf an IT-Fachkräften weiter steigt (E-Qualifikationen).[278] Trends in Deutschland bestätigen, dass Berufe, die Routinetätigkeiten oder Bürotätigkeiten erfordern, weniger nachgefragt werden. Berufe, die interaktive und nicht-routinierte Kompetenzen benötigen, erfahren hingegen Zuwachsraten. In Großbritannien gibt es ein Wachstum bei den hoch- und geringbezahlten Arbeitsstellen, bei denen Humankapital nur schwer durch Maschinen oder Computer ersetzt werden kann (z.B. Bauwesen).[279]

In den exemplarisch betrachteten Bereichen Tourismus und Kfz-Handwerk ergeben sich folgende nationale Qualifikationserfordernisse für Arbeitskräfte:

**Abb. 9: Qualifikationserfordernisse in den Bereichen Tourismus und Kfz-Handwerk**

| | Deutschland | Großbritannien |
|---|---|---|
| **Tourismus** | - Soft skills: kundenorientierte Handlungsfähigkeit<br>- Qualifikationen mittleren Niveaus<br>- IKT-Kenntnisse, um mit Buchungs-/ Reservierungssystemen umgehen zu können<br>- Sprachkompetenz | - Soft skills: kundenorientierte Handlungsfähigkeit<br>- Fachkenntnisse bei Beschäftigten mittlerer Qualifikationsebene<br>- Führungsqualitäten auf Managerebene<br>- interkulturelle Kompetenzen<br>- Sprachkompetenz in Mutter- und mindestens einer Fremdsprache |
| **Kfz-Handwerk** | - technisches Sachverständnis<br>- IKT-Kenntnisse<br>- Soft skills: kundenorientierte Handlungsfähigkeit, Verhandlungsgeschick | - technisches Sachverständnis<br>- IKT-Kenntnisse<br>- Sprachkompetenz (Muttersprache)<br>- Mathematische Kenntnisse<br>- Soft skills: Teamfähigkeit, Selbstmanagement, Selbstsicherheit, Kommunikationsfähigkeit |

**Quelle**: Eigene Darstellung

---

[277] Vgl. Cedefop: Future skill needs in Europe, Medium-Term Forecast, Synthesis Report, 2008, S. 87.
[278] Vgl. Niitamo, V.-P.: Berufs- und Qualifikationsanforderungen im IKT-Bereich in Europa erkennen und messen, in Cedefop: Ermittlung künftiger Qualifikationserfordernisse, 2005, S. 200 – 201.
[279] Vgl. Mitteilung der Kommission KOM (2008) 868 endgültig vom 16.12.2008, S. 28.

Aus der Gegenüberstellung ist ein allgemeiner Trend zu Qualifikationserfordernissen wie soft skills und IKT-Kenntnissen erkennbar. Vergleicht man alle vorher dargestellten Prognoseergebnisse, so kann zusammenfassend gesagt werden, dass bei britischen Arbeitnehmern insbesondere Computerkenntnisse, Grundfertigkeiten (Schreib-/ Rechenkompetenz) sowie soziale Kompetenzen verbessert werden müssen. Eine grundlegende Allgemeinbildung und bestimmte Kernkompetenzen bilden die Grundlage für soziale Fähigkeiten, die Beschäftigungsfähigkeit von Arbeitnehmern und ein nationales Wissenssystem.[280] Da zukünftig viele Fachkräfte mit mittlerer Qualifikationsebene erforderlich sind, müssen diese gezielt ausgebildet werden. Dass die Angaben, welche Kompetenzen erforderlich sind, verstärkt durch die SSC öffentlich gemacht werden, hilft bei der Einschätzung des notwendigen Qualifikationsbedarfs. Denn hier beurteilen direkt die Arbeitgeber, welche Qualifikationen sie voraussetzen, um Arbeitskräfte einzustellen.

In Deutschland werden in allen Sektoren folgende Kompetenzen verlangt: soft skills, Fachkenntnisse von mindestens mittlerem Niveau (z.B. technisches Sachverständnis), Kundenorientierung, Verhandlungsfähigkeit, umfassende PC- und Internetkenntnisse. Es sind demnach in beiden Ländern übereinstimmende Qualifikationserfordernisse erkennbar. Großbritannien benötigt noch stärker eine mittlere Kompetenzebene als Deutschland, was sich bereits aus der statistischen Auswertung (Kapitel 3) ergeben hat und für das deutsche duale Ausbildungssystem spricht.

Der Strukturwandel geht einher mit einer erheblichen Verringerung der absoluten Beschäftigung im verarbeitenden Gewerbe in den 90er Jahren, die seit jeher die Kernkompetenz des dualen Systems in Deutschland ist und die immer noch einen vergleichsweise hohen Anteil an der Gesamtbeschäftigung hat. Der Dienstleistungssektor ist in Deutschland der einzige Sektor mit Beschäftigungswachstum, aber sein Anteil ist immer noch kleiner als in Großbritannien. Langfristige Berechnungen der Anzahl der Erwerbstätigen auf verschiedenen Qualifikationsniveaus deuten darauf hin, dass seit Anfang der 90er Jahre hochqualifizierte Arbeitsplätze die einzige Kategorie waren, die einen Zuwachs verzeichneten, während die Anzahl der Arbeitsplätze für Beschäftigte mittlerer Qualifikationsebenen stagnierte. Die Nachfrage nach geringqualifizierten Arbeitsplätzen verzeichnete in Deutschland einen moderaten Rückgang.[281]

Der Dienstleistungssektor schafft auf allen Qualifikationsebenen Arbeitsplätze, sowohl bei hoch- als auch bei geringqualifizierten Jobs. Vor allem in Deutschland ist bei qualifizierten Fachkräften, in Großbritannien bei leitenden Tätigkeiten ein Zuwachs zu verzeichnen. Der Einstieg in Führungstätigkeiten kann in Großbritannien leichter als in Deutschland erfolgen, was vor allem an den geringeren und weniger formalen Ausbildungs- und Qualifikationsnachweisen liegt. In beiden Ländern erreichen professionelle und leitende Berufstätigkeiten einen hohen Prozentsatz der Gesamtbeschäftigung.[282] Zukünftig bieten die Bereiche Vertrieb und Dienstleistungen für Konsumenten sowie Gesundheits-, Bildungs- und Unternehmensdienstleistungen die besten Beschäftigungschancen. Es stellt sich erneut die Frage, wie vor allem für Geringqualifizierte angemessene berufliche Entwicklungsmöglichkeiten geschaffen

[280] Vgl. Internationales Arbeitsamt Genf (IAA), Internationale Arbeitskonferenz: Bericht V, 97. Tagung, 2008, S. 128 – 129.
[281] Vgl. Mayer, K.U./ Solga, H.: Skill Formation, Interdisciplinary and cross-national perspectives, 2008, S. 73.
[282] Vgl. Fagan, C./ O'Reilly, J./ Halpin, B.: Job opportunities for whom?, Labour market dynamics and service sector employment growth in Germany and Britain, WZB Diskussionspapier 2005, S. 5 – 11.

werden können. Diese Arbeitnehmergruppe wird es zunehmend schwer haben, auf dem Arbeitsmarkt zu bestehen und von den niedrigen Einkommen im Dienstleistungssektor und Gesundheitswesen zu leben.

Vom Cedefop wurde auf Basis von Ergebnissen aus Großbritannien und Deutschland festgestellt, dass nicht nur Strukturveränderungen (z.b. durch New Economy) zu veränderten Qualifikationserfordernissen geführt haben, sondern auch viele andere Faktoren dazu beitragen.[283] Konjunkturelle Änderungen beeinflussen diese genauso wie der technische und arbeitsorganisatorische Fortschritt. Eine klare Zahlenvorhersage durch die Prognosen muss daher kritisch betrachtet werden, da Beschäftigungstrends auch von äußeren Einflüssen und Megatrends abhängig sind. Aber der generelle Trend und der daraus resultierende berufliche Anpassungsbedarf sind erkennbar.

Dies ermöglicht an dieser Stelle Schlussfolgerungen darüber, wie sich äußere Einflüsse und Änderungen der Beschäftigungsstruktur (Wandel von Arbeit) auf den Bedarf an Kompetenzen auswirken: Die zunehmende Globalisierung erfordert erhöhte interkulturelle und sprachliche Kompetenz. Die Erhöhung des Renteneintrittsalters bei gleichzeitigem technologischen Wandel erfordert erweiterte Methodenkompetenz, i.S.v. Lernen lernen, und eine „Veränderungskompetenz", i.S.d. Bereitschaft dazu. Durch die Zunahme von Dienstleistungsberufen sind Sozialkompetenz und soft skills gefragt, um kundenfreundlich, kommunikations- und teamfähig zu arbeiten. Die zunehmende Bedeutung der IKT erfordert entsprechende Kenntnisse. Der Fachkräftemangel verlangt von Arbeitgebern Sozialkompetenz, um gezielt mit ihrem Humankapital umgehen zu können. Je weniger qualifizierte Arbeitnehmer es gibt, um so mehr Auswahl haben diese bezüglich ihres Arbeitgebers.

Betrachtet man den einleitend dargestellten Aspekt der beruflichen Handlungskompetenz (vgl. Abb. 3), so kann festgehalten werden, dass zukünftig verstärkt sozial-kommunikative Kompetenzen und Personalkompetenz benötigt werden. Überfachliche Qualifikationen zur Unterstützung des technologischen und organisatorischen Wandels sind zunehmend gefragt. Kommunikationsfähigkeit und Lernbereitschaft sind ebenso wichtig wie die rein berufsfachlichen Qualifikationen. Das Vorhandensein von Sozialkompetenz ist daher eine wichtige Voraussetzung, um beschäftigungsfähig zu bleiben, und muss von Arbeitskräften verstärkt entwickelt werden.

Der Staat kann die Entwicklung benötigter Kompetenzen bei Arbeitnehmern durch bildungs- und arbeitsmarktpolitische Maßnahmen unterstützen. Nachfolgend sollen daher staatliche Handlungen untersucht werden.

---

[283] Vgl. Mytzek, R.: Qualifikationsfrüherkennung in ausgewählten Sektoren, in: Cedefop: Ermittlung künftiger Qualifikationserfordernisse, 2005, S. 190.

# 6 Konsequenzen und Empfehlungen für die staatliche Bildungs- und Arbeitsmarktpolitik

Regierungen investieren in Schul- und Berufsausbildung und geben Anreize, um Arbeitgeber und Arbeitnehmer zu Investitionen in Ausbildung und Lernmöglichkeiten am Arbeitsplatz zu bewegen. Der Staat muss dafür sorgen, dass erstklassige Bildungs- und Ausbildungssysteme und eine Kultur des lebenslangen Lernens vorhanden sind.[284] Doch wie kann er erreichen, dass sich Arbeitnehmer die erforderlichen Qualifikationen aneignen? Nachfolgend werden aus den Ergebnissen der vergleichenden Analyse Konsequenzen und Empfehlungen für staatliches Handeln aufgezeigt. Ziel in diesem Kapitel ist es, die gewonnenen Erkenntnisse auf Maßnahmen aktiver Arbeitsmarkt- und Bildungspolitik in Deutschland und Großbritannien zu übertragen. Hierzu ist es erforderlich, bereits umgesetzte Maßnahmen darzustellen und allgemeine Schlussfolgerungen aus den nationalen und internationalen Forschungsergebnissen zu berücksichtigen.

## 6.1 Konsequenzen und Empfehlungen aus dem internationalen Vergleich

Die nationale Wirtschaft passt sich europäischen und internationalen Entwicklungen an. Dies führt zu neuen Qualifikationsanforderungen, die sich wiederum auf nationale Bildungs- und Arbeitsmarkterfordernisse auswirken. Die einleitend dargelegte Kommissionsinitiative „Neue Kompetenzen für neue Beschäftigungen" hat Ziele und Vorschläge für weitere Schritte in der Anpassung zukünftiger Qualifikationserfordernisse auf europäischer Ebene eingeführt. Eine Berücksichtigung der europäischen Perspektive kann nationale und regionale Aktivitäten stärken und einen Abgleich mit anderen europäischen Ländern ermöglichen. Die EU-Initiativen unterstreichen die Notwendigkeit, Bildungs- und Berufsbildungspolitik an heutige und zukünftige Anforderungen anzupassen. Eine enge und zielgerichtete Zusammenarbeit des Staates mit Unternehmen und Interessenvertretern ist zur Abschätzung des Qualifikationsbedarfs notwendig.

Die EU fördert im Rahmen des ESF-Programmes regionale Projekte. Die effiziente Nutzung dieser Ergebnisse bei der Umsetzung regionaler Arbeitsmarktmaßnahmen ist erforderlich, um den regionalen Bedarf an Qualifikationen und Kompetenzen berücksichtigen zu können. Großbritannien hat dies schon früh erkannt und als Vorreiter im EU-Bereich innovative Ansätze zur Regionalförderung, verbunden mit einer Kooperation auf nationaler Ebene, verfolgt. In Deutschland müssen derartige Strukturen noch weiterentwickelt werden.

In der Mitteilung der Europäischen Kommission zu den IKT-Kompetenzen wird eine langfristige Strategie vorgestellt, deren Kernpunkte alle Mitgliedstaaten mit entsprechenden Maßnahmen umsetzen sollen. Konkret werden fünf Maßnahmenbereiche auf EU-Ebene genannt:[285]

- Sensibilisierungsmaßnahmen im Sinne einer Förderung des Informationsaustausches und der Förderung von Informationskampagnen auf EU- und Länderebene;
- Entwicklung von Begleitmaßnahmen und -instrumenten wie einem Europäischen Rahmen und einem Europäischen Portal für IKT-Kompetenzen;

---

[284] Vgl. Internationales Arbeitsamt Genf (IAA), Internationale Arbeitskonferenz: Bericht V, 97. Tagung 2008, S. 83.
[285] Vgl. Mitteilung der Kommission der Europäischen Gemeinschaften KOM(2007) 496 endgültig vom 07.09.2007.

- Förderung der Beschäftigung und sozialen Eingliederung;
- bessere und stärkere Nutzung des computergestützten Lernens (E-Learning), um die Entwicklung von Kursen für den Austausch von IKT-Ausbildungsressourcen zu fördern;
- Förderung der langfristigen Zusammenarbeit durch den Dialog mit Mitgliedstaaten und Interessengruppen und Überwachung der Fortschritte.

Eine Empfehlung der OECD ist es, die Förderung von Humanressourcen mit den Anforderungen der Wirtschaft an Arbeitskräfte zu verknüpfen.[286] Die Beschäftigten von öffentlichen Beschäftigungsagenturen sollten ein großes Wissen über lokale Wirtschaftspraktiken, -entwicklungen und -bedingungen als Basis für die Entwicklung einer umfassenden strategischen Orientierung haben. Arbeitsmarktinstitutionen müssen effektiver mit der Wirtschaft und Wirtschaftsentwicklungsagenturen, Hochschulen und Forschungszentren zusammenarbeiten. Arbeitsvermittler sollten entsprechend geschult werden. Die bei der Auswertung berücksichtigten Ergebnisse der OECD-Studien[287] belegen, dass eine bessere Koordinierung und ein effektiverer Ausgleich zwischen den Anforderungen der nationalen und lokalen Politikebenen und der Wirtschaft wichtig ist. Dies kann etwa durch den Aufbau von regionalen, nationalen oder internationalen Datenbanken über Berufsbilder, Kompetenzdefizite und Qualifikationserfordernisse erfolgen.

Die Studien der Cedefop lassen die Schlussfolgerung zu, dass Europa eine Strategie zur Befriedigung der Nachfrage der zunehmend dienstleistungsorientierten, wissensintensiven Wirtschaft benötigt, und betonen erneut die Bedeutung des lebenslangen Lernens. Allerdings können Weiterbildungsmaßnahmen und Prognosemethoden nicht allein den Fachkräftemangel beseitigen, sondern auch die gezielte Anwerbung von ausländischen Fachkräften wird erforderlich sein. Die Einführung der Blue Card ist auf europäischer Ebene ein erster Schritt dazu, da sie die Anwerbung von hochqualifizierten, auswanderungswilligen Arbeitern ermöglicht.[288]

Außerdem ist an dieser Stelle auf die Notwendigkeit der gezielten Förderung von Frauen durch familienfreundliche Arbeitsbestimmungen, von älteren Arbeitnehmern zur Erhaltung von Fachwissen sowie der Integration von Migranten hinzuweisen, um dem Arbeitskräftemangel entgegen zu wirken. Eine umfangreiche Auseinandersetzung mit diesen Problempunkten kann hier nicht erfolgen. Diese Bereiche sollten jedoch bei der Umsetzung von Maßnahmen mit in Betracht gezogen werden und stellen politisches Handeln zukünftig vor weitere Herausforderungen.

Die EU-Studie „Who cares? Who dares?" empfiehlt in der Schulbildung folgende Ebenen durch entsprechende Änderungen der Bildungssysteme stärker auszuprägen:[289] qualifiziertere Bildung in Mathematik und Naturwissenschaften, erhöhtes Bewusstsein für die Berufsmöglichkeiten als Naturwissenschaftler, Ingenieur oder Techniker, Förderung von innovativen, wettbewerbsfähigen Ideen sowie Förderung innovativer Bildungsansätze, wie elektronisches Lernen und Fernkurse.

---

[286] Vgl. OECD Studie: More than Just Jobs - Workforce Development in a Skills-Based Economy, 2008, S. 36 ff.
[287] OECD Studien: More than Just Jobs - Workforce Development in a Skills-Based Economy, 2008, sowie: Bildung auf einen Blick 2007 – OECD Briefing Notes für Deutschland, 2007.
[288] Vgl. Richtline 2009/50/EG des Rates vom 25. Mai 2009 über die Bedingungen für die Einreise und den Aufenthalt von Drittstaatsangehörigen zur Ausübung einer hochqualifizierten Beschäftigung, Abl. L 155 vom 18.6.2009, S. 17 – 29.
[289] Vgl. INSEAD Studie: „Who cares? Who dares?", 2009, S. 5.

Die soeben erläuterten Aspekte aus den internationalen Prognosen gelten je nach Darstellung sowohl für Deutschland als auch für Großbritannien. Nachfolgend sollen nun staatliche Maßnahmen und notwendige Handlungen aus den jeweiligen nationalen Vorhersagen analysiert werden. Diese beziehen sich in erster Linie auf das Land der Prognose, können jedoch modifiziert in vielen Bereichen auch auf ein anderes Land übertragen werden, wie die abschließenden Schlussfolgerungen aufzeigen werden.

## 6.2 Konsequenzen und Empfehlungen aus den deutschen Prognosen

Durch die Anpassung der Hochschulbildung in Deutschland kann ein schnellerer Studienabschluss erreicht werden. Dabei muss unbedingt beachtet werden, dass zusätzlich weiterhin praktische Erfahrungen gewonnen werden können und dies nicht durch die Begrenzung der finanziellen Unterstützung (Bafög) auf die neuen Studienzeiten unmöglich gemacht wird.

Das IAB hat sich intensiv mit dem Übergang von der Schule in das Berufsleben befasst und kommt zu dem Ergebnis, dass dieser für viele Jugendliche nicht reibungslos verläuft. Die Zahl der Jugendlichen, die zunächst eine Maßnahme der Berufsvorbereitung antreten (also staatlich bereitgestellte, berufsvorbereitende Angebote), ist fast genauso hoch wie die Zahl derer, die einen betrieblichen Ausbildungsplatz gefunden haben. Wer einen Ausbildungsplatz sucht, braucht einen möglichst guten Schulabschluss. Eine abgeschlossene Berufsausbildung ist wiederum ein entscheidender Faktor für die dauerhafte Integration in den Arbeitsmarkt und in die Gesellschaft.[290] Zunehmend scheitern jedoch Jugendliche am Schulabschluss oder der Ausbildungsplatzsuche. Empfehlenswert scheint es daher, dass Schüler verstärkt Schülerpraktika wahrnehmen. Dadurch können sie ihre eigenen Berufsinteressen erkunden und erkennen, ob sich der Wunschberuf für sie eignet bzw. ob sie selbst die Anforderungen für eine entsprechende Ausbildung erfüllen. Bildungssysteme sollten daher insbesondere im Lehrplan von Gesamt- und Realschulen zeitlich Praktika einplanen.

Die deutsche Regierung hat bereits Konsequenzen gezogen. Wie bereits unter Kapitel 3.2 erläutert, hat das BMBF zur Umsetzung von Maßnahmen im Bereich des lebenslangen Lernens eine Reihe von Instrumenten geplant und teilweise bereits umgesetzt, z.B. die Bildungsprämie.[291] Dieses Instrument kann zu einer größeren Wahrnehmung der beruflichen Weiterqualifizierung beitragen. Es kann jedoch nur durch entsprechende Beratungsangebote sinnvoll eingesetzt werden. Auch sollte die Möglichkeit der Inanspruchnahme einer solchen Prämie in der Öffentlichkeit stärker beworben werden, damit diese Chance der Bevölkerung bewusst gemacht wird.

Das BMBF hat ein regionales Bildungsmonitoring initiiert, dass Empfehlungen für die Weiterbildung gibt und so die überregionale Zusammenarbeit intensivieren soll. Gegen den Fachkräftemangel in technischen/ naturwissenschaftlichen Berufen hat das BMBF die Einführung spezieller Programme für die Ausbildung von Fachkräften beschlossen, um die Studierbereitschaft im naturwissenschaftlich-technischen Bereich zu erhöhen. Auch wurde die Initiative AQUA (Akademiker qualifizieren sich für den Arbeitsmarkt) gestartet.[292] AQUA ist ein Pro-

---

[290] Vgl. IAB-Info Spezial: Übergänge in Ausbildung und Beschäftigung, 2009.
[291] Vgl. Homepage BMBF/ Bildungsprämie: http://www.bmbf.de/de/7342.php, letzter Zugriff am 22.06.2009.
[292] Vgl. Homepage ESF: http://www.esf.de/portal/generator/902, letzter Zugriff am 01.07.2009.

gramm für arbeitslose Absolventen ingenieur- und naturwissenschaftlicher Studiengänge.[293] Förderlich ist hierbei, dass Weiterbildungen auch für soft skills angeboten werden.

Neue Bildungs- und Erwerbswege für Studienabbrecher, eine Optimierung der Bildungswege durch eine erhöhte Verzahnung und Durchlässigkeit zwischen den einzelnen Bildungsoptionen, Bildung und Lernen als Integrationsinstrument sowie die größere Verbreitung des Konzeptes „Lebenslanges Lernen" in der Gesamtbevölkerung[294] sind weitere staatliche Maßnahmen als Konsequenz aus den Forschungsergebnissen, um die Bildung und Kompetenzen von Arbeitskräften zu erhöhen. Durch den Umfang der Handlungen ist ersichtlich, dass die deutsche Regierung bereits einige Veränderungen in Angriff genommen hat.

Das BIBB ist derzeit dabei, im Auftrag des BMBF eine "Nationale Referenzstelle für Qualitätssicherung und -entwicklung in der beruflichen Bildung" (DEQAVET) aufzubauen, um als Teil eines europäischen Netzwerkes den Informations- und Erfahrungsaustausch sowie die nachhaltige Zusammenarbeit auf dem Gebiet der Qualitätssicherung und -entwicklung in der beruflichen Bildung zu vertiefen. In allen EU-Mitgliedstaaten werden künftig solche nationalen Referenzstellen eingerichtet.[295] Damit soll das europäische Qualitäts-Netzwerk ENQA-VET ergänzt werden, in dem sich Vertreter von nationalen Ministerien zusammengeschlossen haben, um auf politischer Ebene diese Initiative zu koordinieren.

Der von Wirtschaft und Regierung beschlossene „Nationale Pakt für Ausbildung und Fachkräftenachwuchs in Deutschland"[296] ist ebenso eine staatliche Maßnahme, um eine bedarfsgerechte Ausbildungsleistung zu sichern. Der „Ausbildungspakt" ist ein guter Ansatz der Regierung, um Jugendlichen eine Ausbildung zu ermöglichen. Doch auch hierbei ist zu berücksichtigen, dass für zukunftsträchtige Berufe ausgebildet wird und welche Qualifikationen dafür benötigt werden. Dafür sollten Staat und Wirtschaft verstärkt auf Prognoseergebnisse zurückgreifen.

Wie die erfolgte Untersuchung ergeben hat, ist die Wettbewerbsfähigkeit von Erwerbspersonen auf dem Arbeitsmarkt schwächer, je niedriger deren Qualifikation ist. Personen ohne Schul- oder Berufsabschluss haben deutlich geringere Chancen auf eine dauerhafte Integration ins Arbeitsleben. Daher muss die Zahl der Schulabgänger ohne Abschluss und die Zahl der jungen Erwachsenen ohne Berufsabschluss reduziert werden. Ein Schulabschluss ist der übliche Einstieg in jegliche weitere berufliche Bildung. Der Staat muss daher zielgerichtet Maßnahmen schaffen, damit möglichst alle Jugendlichen einen Abschluss erreichen. Dazu könnte z.B. mehr praxisorientierter Unterricht an bestimmten Schulen eingerichtet werden, um so Jugendlichen mit Lernschwächen die Möglichkeit zu geben, sich in praktischen Fertigkeiten zu profilieren. Dies sollte auch von der Regierung im Bildungssystem integriert und nicht nur freien Schulträgern (z.B. der Waldorfschule) überlassen werden. Durch eine breitere Ausrichtung des Bildungssystems werden mehr Schüler erreicht. Berufsschulen allein können dies nicht leisten, denn diese besuchen Jugendliche erst, wenn sie bereits eine dua-

---

[293] Vgl. BMBF Pressemitteilung 138/2008: Gegen Fachkräftemangel: Ingenieure qualifizieren, 15.08.2008, http://www.bmbf.bund.de/press/2349.php, letzter Zugriff am 15.07.2009.
[294] Vgl. Homepage BMBF/ Innovationskreis Weiterbildung: http://www.bmbf.de/de/7023.php, letzter Zugriff am 22.06.2009.
[295] Vgl. BIBB Pressemitteilung 2/2009: BIBB richtet "Nationale Referenzstelle für Qualität in der beruflichen Bildung" ein, 13.01.2009, http://www.bibb.de/de/50662.htm, letzter Zugriff am 15.07.2009.
[296] Vgl. BMWI: Nationaler Pakt für Ausbildung und Fachkräftenachwuchs in Deutschland 2007-2010, abrufbar unter: http://www.bmwi.de/BMWi/Navigation/Ausbildung-und-Beruf/ausbildungspakt.html, letzter Zugriff am 15.07.2009.

le Ausbildung begonnen haben. Dafür müssen sie jedoch zunächst einen Ausbildungsplatz erhalten.

Im Rahmen der Qualifizierungsinitiative der Bundesregierung von 2008[297] soll eine höhere Schulabsolventenquote durch die gezielte Sprachförderung von Kindern sowie vermehrte Praxisangebote an Schulen, die zu einem Hauptschulabschluss führen, erreicht werden. Weiterhin wird beruflich Qualifizierten nach dreijähriger Berufstätigkeit der fachgebundene Hochschulzugang, sowie Meistern, Technikern und Fachwirten der allgemeine Hochschulzugang eröffnet. Dies wird durch Aufstiegsstipendien für beruflich besonders Qualifizierte, die ein Hochschulstudium aufnehmen, und das Meister-BAföG unterstützt. Die Studienanfängerquote in den sogenannten MINT-Fächern (Mathematik, Informatik, Naturwissenschaften, Technik) soll durch besondere Studienanreize erhöht werden. Außerdem wird angestrebt, bis zum Jahr 2015 die Weiterbildungsquote von 43 % auf 50 % zu erhöhen. Dazu werden die Weiterbildungsinfrastruktur und -beratung gemeinsam mit den Kommunen und der Bundesagentur für Arbeit ausgebaut.[298] Dies sind gute staatliche Ansätze, um sowohl die Bildung von Jugendlichen und damit ihre Chancen auf dem Arbeitsmarkt zu erhöhen als auch dem Ingenieurmangel durch das Wecken von Interesse an naturwissenschaftlichen Fächern entgegenzuwirken.

Wie bereits ermittelt, sollten sich die Arbeitsvermittler der deutschen Bundesagentur für Arbeit bzw. des Jobcenters einen Überblick über die auf dem Arbeitsmarkt benötigten Qualifikationen verschaffen. Nach Aussagen der befragten Arbeitsvermittler wird dies aufgrund der großen Arbeitsbelastung jedoch kaum durchgeführt.[299] Hier besteht also noch großer Handlungsbedarf von staatlicher Seite.

Kritisch anzumerken ist außerdem, dass Kunden, die eine der genannten Maßnahmen durchführen, nicht mehr als arbeitslos in der Statistik erscheinen, sondern nur noch als arbeitssuchend. Es scheint fraglich, ob hierbei nicht die statistischen Zahlen „geschönt" werden, um evt. Vorgaben zu erreichen. Die hohen Ausgaben für Qualifizierungsmaßnahmen, die nicht auf die am Arbeitsmarkt erforderlichen Kompetenzen abgestimmt sind, sind ebenfalls kritisch zu hinterfragen. Es werden hohe Zuschüsse an Firmen gezahlt, damit diese Arbeitskräfte einstellen. Laufen die staatlichen Zuschüsse aus, sind die Beschäftigten oft wieder arbeitslos. Der Weiterbildungsansatz ist zu befürworten, denn qualifizierte Arbeitnehmer werden weniger schnell arbeitslos als Geringqualifizierte. Jedoch müssen gezielte Trainingsmaßnahmen stattfinden und keine reine „Beschäftigungstherapie". Als Empfehlung sollten Arbeitsagenturen den Erfolg der Qualifikationsmaßnahmen evaluieren und ein Monitoring durchführen, um die jeweils richtigen Maßnahmen anzubieten.

Im Bereich des lebenslangen Lernens muss Deutschland noch Fortschritte erzielen. Die Regierung hielt lange nur am dualen Ausbildungssystem fest, ohne ein umfassendes System der beruflichen Weiterbildung zu schaffen. Das wird durch die Einrichtung der Innovationskreise für berufliche Bildung und für Weiterbildung in Angriff genommen. Diese können aber

---

[297] Vgl. Bundesregierung/ Regierungschefs der Länder: Aufstieg durch Bildung – Die Qualifizierungsinitiative für Deutschland, Dresden, 22.10.2008, http://www.bmbf.de/pub/beschluss_bildungsgipfel_dresden.pdf, letzter Zugriff am 15.07.2009.
[298] Vgl. Bundesregierung/ Regierungschefs der Länder: Aufstieg durch Bildung – Die Qualifizierungsinitiative für Deutschland, a.a.O.
[299] Die Angaben beruhen auf Aussagen von Arbeitsvermittlern des Jobcenters Tempelhof – Schöneberg in Berlin. Ansprechpartner können auf Anfrage genannt werden.

nicht als ausreichend bewertet werden. Den deutschen Arbeitskräften muss die Notwendigkeit der lebenslangen Weiterbildung auf allen Qualifikationsebenen stärker bewusst gemacht werden. Arbeitgeber konzentrieren Weiterbildungsmaßnahmen noch immer verstärkt auf Hochqualifizierte (Fach-, Führungskräfte). Die Regierung muss bei der Bevölkerung das Bewusstsein schaffen, dass Qualifizierung eine notwendige Investition in die eigene berufliche Zukunft und Beschäftigungsfähigkeit darstellt. Es sollte erreicht werden, dass die genannten Zielgruppen verstärkt an Weiterbildungsmaßnahmen teilnehmen und jede Arbeitskraft erkennt, dass eine Anstellung in der heutigen Zeit nicht bedeutet, auf Lebenszeit ohne weitere Qualifizierungsmaßnahmen den Arbeitsplatz zu behalten.

## 6.3 Konsequenzen und Empfehlungen aus den britischen Prognosen

Der Leitch Review führte in England zur Erstellung des nur dort gültigen Aktionsplans „World Class Skills",[300] der einen Handlungsrahmen für die Regierung setzt, um festgelegte Ziele bis 2020 zu erreichen. Es wurde ein Grünbuch mit dem Titel „In work better off: next steps to full employment"[301] veröffentlicht, welches Vorschläge für weitere Reformen unterbreitet, um auf dem Arbeitsmarkt benachteiligte Gruppen besser zu unterstützen.

Nachfolgend sollen einige Beispiele für die Umsetzung von Maßnahmen aufgrund des Leitch Review in England durch die britische Regierung dargestellt werden.[302]

Zum einen erfolgte die Einrichtung von *Individual Learning Accounts* (ILAs) für jeden Arbeitnehmer. Anhand dieser Lernkonten ist für jeden Beschäftigten ersichtlich, welche Investitionen in seine Aus- und Weiterbildung geflossen sind, egal ob staatlich, durch den Arbeitgeber oder selbstfinanziert. Hierdurch soll der „Wert" von Bildung „schwarz auf weiß" veranschaulicht und somit die individuelle Wertschätzung erhöht werden. Maßnahmen zur Unterstützung des lebenslangen Lernens haben in Großbritannien eine zentrale Bedeutung, denn mehr als ein Drittel aller Erwachsenen hat keinen Hauptschulabschluss und fast jeder zweite Erwachsene kann nicht ausreichend rechnen.[303]

Weiterhin erfolgt ein Ausbau der *individuellen Karriereberatung* im „Jobcentre Plus". Dieser Service richtet sich an Erwachsene, die eine maßgeschneiderte Karriereberatung unter Berücksichtigung ihrer individuellen persönlichen Lebensumstände erhalten sollen („Skills health check"). Dies beinhaltet nicht nur berufs- und fortbildungsbezogene Beratung, sondern auch Unterstützung hinsichtlich Kinderbetreuung, Wohngeld, Gesundheitsversorgung, Mobilität sowie Beratung über Arbeitnehmerrechte. Jeder soll in die Lage versetzt werden, seine Potenziale voll auszuschöpfen.

Durch die *„Skills for jobs"-Initiative* sollen lokale Weiterbildungsangebote auf den lokalen Bedarf abgestimmt werden. Es handelt sich um gezielte berufsvorbereitende Maßnahmen. Berufsbegleitende Fortbildung erfolgt im Rahmen des *„Train to Gain"-Programmes*. Dieses Angebot soll Arbeitgeber motivieren, Geringqualifizierte einzustellen, die für den jeweiligen Job berufsbegleitend individuell weitergebildet werden.

---

[300] Vgl. HM Government: World Class Skills – Implementing the Leitch Review of Skills in England, 2007, S. 4.
[301] Vgl. Department for Work and Pension (DWP): In work better off: next steps to full employment, 2007, S. 5 – 8.
[302] Vgl. HM Government: World Class Skills – Implementing the Leitch Review of Skills in England, 2007, S. 9-14.
[303] Vgl. Europäisches Beschäftigungsobservatorium: Bericht Herbst 2007, Vereinigtes Königreich, 2008, S. 175.

Außerdem gibt es die Möglichkeit zum Abschluss einer *„Skills Pledge"*. Dabei handelt es sich um eine freiwillige Zielvereinbarung, in der sich der Arbeitgeber verpflichtet, bestimmte Maßnahmen zur Weiterbildung seiner Beschäftigten zu ergreifen oder darin zu investieren. Bestimmte Mindeststandards, wie Lesekompetenz, sind zu erreichen. Die Regierung sichert im Gegenzug ihre Unterstützung zu. Die größten Arbeitgeber, darunter die öffentliche Verwaltung, Militär, Polizei, haben diese Vereinbarung bereits unterzeichnet, so dass sie 2007 bereits für 1,7 Millionen Beschäftigte galt. Mit Abschluss einer Skills Pledge erhält der Arbeitgeber über das Train to Gain-Programm Anspruch auf eine Beratung durch einen Skills Broker, der eine kostenfreie Fortbildungsbedarfsanalyse und einen Umsetzungsplan für das Unternehmen erstellt und ggf. einen Anbieter geeigneter Fortbildungsmaßnahmen vermittelt, die dann den Beschäftigten des Unternehmens zugute kommen. Die bereits erwähnten SSCs wurden in England ebenfalls aufgrund des Leitch Reviews eingerichtet.

Zusätzlich werden ausgebildete *„Union Learning Representatives"* eingesetzt. Dies sind Vertreter der Gewerkschaften, die als „Fortbildungsbotschafter" direkten Kontakt insbesondere zu bildungsfernen Personen aufnehmen, deren Weiterbildungsbedarf evaluieren, entsprechende Maßnahmen empfehlen und diese Personen individuell begleiten. Gleichzeitig sollen sie die Arbeitgeber motivieren, eine Skills Plegde für ihre Beschäftigten abzuschließen.

Außerdem wurde die *UK Commission for Employment and Skills* (UKCES) eingerichtet, welche die Übersicht und Koordination aller Maßnahmen (auch der früheren SSDA) vornimmt. Diese arbeitgebergeführte Kommission hat mehrere Zwischenziele für die Jahre ab 2010 definiert.

Neben dem Aktionsplan wurden auf nationaler Ebene noch weitere staatliche Maßnahmen eingeführt. In Großbritannien betonen vor allem die Arbeitgeberverbände die Bedeutung von soft skills für den Arbeitsalltag. Seit 2000 werden daher alle über 16-jährigen Personen, die sich in einer akademischen oder berufsbezogenen Ausbildung befinden, ermutigt, eine Qualifikation in spezifischen Schlüsselkonsequenzen zu erwerben.[304] Neben Bildungsgutscheinen erfolgt seit dem New Deal auch die staatliche Subventionierung von Kursgebühren für Weiterbildungen.[305]

Es wurden damit im britischen Weiterbildungssystem eine Reihe innovativer Instrumente zur Steigerung der Weiterbildungsaktivität implementiert, die sowohl auf Arbeitgeber- als auch auf Arbeitnehmerseite ansetzen. Allerdings herrscht bei Arbeitskräften noch immer ein geringer Antrieb und ein niedriges Bewusstsein über die Vorteile von Qualifikationen, was durch staatliche Kampagnen verstärkt ausgeprägt werden muss. Vielen Arbeitskräften sind die finanziellen Fördermöglichkeiten nicht klar und es fehlt an einem effizienten Umgang mit Informations- und Beratungsangeboten. Diese Bereiche sind noch verbesserungsfähig.

Konsequenzen müssen auch aus der Unterbesetzung der mittleren Qualifikationsebene gezogen werden. Es existiert in Großbritannien kein etabliertes Berufsbildungssystem als Alternative zum Studium. Der Staat könnte hier ein strukturiertes Ausbildungssystem ähnlich dem deutschen dualen Berufsausbildungssystem schaffen, um mehr Arbeitskräfte mit mittlerem Qualifikationsniveau auszubilden.

---

[304] Vgl. Steedman, H.: Neue Herausforderungen für die "Risikogruppe" am Arbeitsmarkt, in: Cedefop/ BMBF: Ermittlung künftiger Qualifikationserfordernisse, 2005, S. 218.
[305] Vgl. Schröter, S.: Berufliche Weiterbildung in Großbritannien für gering qualifizierte Arbeitskräfte, 2003, S. 36.

## 6.4 Bewertung des staatlichen Handelns und Zwischenfazit

Die Kombination von Arbeitslosigkeit und Fachkräftemangel in Deutschland und Großbritannien stellt die Politik vor Herausforderungen. Präzise Aussagen über zukünftige Entwicklungstrends sind erforderlich, um das Matching von Angebot und Nachfrage auf dem Arbeitsmarkt zu erreichen. Es kann somit die vierte Ausgangsfrage beantwortet werden, wie die Ergebnisse effektiv in staatliches Handeln umgesetzt werden können.

Mit Arbeitsmarktinformationen aus Prognosen kann der Staat Bildungskapazitäten und arbeitsmarktpolitische Maßnahmen planen. Dadurch kann der Fachkräftemangel verringert sowie die Arbeitslosenquote gemindert werden. Die Bedeutung der Vorhersagen des Qualifikationsbedarfs zeigt sich auch in der Diskussion um Bildungsreformen, Finanzierung von Aus- und Weiterbildungsmaßnahmen, Curriculumentwicklungen und Einwanderungsfragen. Sektoren und Bereiche mit einer großen internationalen Verknüpfung wie Tourismus, Logistik oder neue Technologien (z.B. Nanotechnologie) haben einen erhöhten Informationsbedarf bezüglich zukünftiger Kompetenzentwicklung. Der Staat kann diese Branchen durch gezielte Forschungen und Instrumente unterstützen. Die Ergebnisse der Prognosestudien zeigen Notwendigkeiten zur Modernisierung der Berufsbildung auf, die durch den World Class Skills Bericht oder im Rahmen der Forschungsprojekte des FreQueNz-Netzwerkes umgesetzt wurden.

Die dargestellten deutschen Maßnahmen sind grundsätzlich ein guter Weg der Weiterbildungsförderung. Das System der Bildungsgutscheine und Trainingsmaßnahmen ist erfolgsversprechend, wenn Arbeitsvermittler über eine ausreichende Marktübersicht verfügen. Die durch die Hartz-Reform erfolgte Neuorganisation der Maßnahmen der Bundesagentur für Arbeit kann zur gezielten Weiterbildung von Arbeitskräften beitragen. So erhöhen laut einer IZA-Studie staatliche Fortbildungsmaßnahmen die Beschäftigungschancen von zuvor arbeitslosen Teilnehmern um 5 %.[306]

Das Sammeln von Arbeitsmarkterfahrung durch „training-on-the-job" und die Bildung von Kompetenzen im Arbeitsalltag scheinen zur Förderung der Kompetenzen besser geeignet, als rein theoretische Weiterbildungen. Hier könnte der Staat Anreize für Unternehmen schaffen, um mit internen Weiterbildungen die Qualifikationen von Arbeitnehmern zu fördern. Trainingsmaßnahmen der Arbeitsvermittlung können erfolgsversprechend sein, wenn sie zielgenau eingesetzt werden, um z.B. veraltete IKT-Kenntnisse zu aktualisieren. Für ältere Langzeitarbeitslose wird jedoch eine punktuelle Qualifizierung durch Trainingsmaßnahmen wenig erfolgreich sein. Das bedeutet, dass die staatliche Arbeitsvermittlung die Zielgruppenfokussierung verbessern muss. Durch Partnerschaften mit der Wirtschaft können Weiterbildungsaktivitäten gezielt auf zukünftige Qualifikationsanforderungen abgestimmt werden.

Die Darstellung der Maßnahmen des World Class Skills Berichtes zeigt, dass Großbritannien vielfältige Maßnahmen einsetzt, um dem Kompetenzdefizit zu begegnen. Der Umfang der Instrumente scheint erfolgsversprechend. Inwiefern sie zukünftig Verbesserungen für Arbeitskräfte und Arbeitgeber und somit auch für die Wirtschaft bringen, bleibt abzuwarten. Förderlich ist der Ansatz der gezielten Qualifikationsförderung durch Bildungsinstrumente.

---

[306] Vgl. Schneider, H./ Uhlendorff, A.: Die Wirkung der Hartz-Reform im Bereich der beruflichen Weiterbildung", IZA DP, Nr. 2255, 2006, http://ftp.iza.org./dp2255.pdf, letzter Zugriff am 16.07.2009.

Somit finden die festgestellten bildungspolitischen Mängel ansatzweise Berücksichtigung. Unklar bleibt, wie der Staat die Wahrnehmung einer Ausbildung und den Übergang von der Schule ins Berufsleben verbessern will. Die Problemgruppe der Geringqualifizierten wird gezielt gefördert, was vor dem Hintergrund der statistischen Auswertung vorteilhaft ist. Der Maßnahmenkatalog verdeutlicht die Vorreiterrolle Großbritanniens bei dieser Thematik im europäischen Vergleich. Eine Bewertung der Ergebnisse in einigen Jahren und die Verbreitung von best-practice-Beispielen können auch für Deutschland Anregungen zu einer verbesserten Gestaltung von Arbeitsmarktmaßnahmen bringen. Das lebenslange Lernen hat in der aktiven Arbeitsmarktpolitik von Großbritannien weiter an Bedeutung gewonnen.

Als Fazit aus den betrachteten Prognosen können für den Staat bessere Ergebnisse erzielt werden, wenn bei der Verknüpfung von Vorhersagen den öffentlichen Arbeitsverwaltungen eine koordinierende Aufgabe zukommt, denn sie stellen eine Schnittstelle zwischen nationalen und regionalen Datenerhebungen dar. Die Zusammenführung von quantitativen und qualitativen Analysen in einem einheitlichen Informationssystem und deren Auswertung liefern Erkenntnisse für die nationale Berufsberatung, aber auch für Aus- und Weiterbildungsentscheidungen jedes Einzelnen.

Die Umsetzung der Forschungsergebnisse in Politik und Praxis bleibt kompliziert. Abgesehen davon, dass komplexere institutionellere Strukturen geschaffen wurden, wird noch immer keine koordinierte frühzeitige Vorhersage des Kompetenz- und Qualifikationsbedarfs vollzogen. Einige durchgeführte Forschungen und Analysen erfolgten nur einmalig. Außerdem mangelt es an der Koordination von Umsetzung und Transfer der Forschungsergebnisse. Ein hohes Maß an politischer Koordinierung, die bessere Anpassung politischer Entscheidungen an regionale Bedingungen und eine verstärkte Teilhabe von Wirtschaft und Sozialgesellschaft an der Erstellung von Maßnahmen sind daher zwingend notwendig.

Sowohl Geringqualifizierte als auch Arbeitskräfte mit mittlerem Qualifikationsniveau müssen im Laufe ihres Arbeitslebens zunehmend an Qualifikationsmaßnahmen teilnehmen. Daher wird immer mehr allgemeine und berufliche Qualifikation im Erwachsenenalter erworben und das Bildungsniveau nicht nur durch die Erstausbildung geprägt. Jedoch bildet das Grundniveau (rechnen, schreiben, lesen) die Basis für Qualifikationsmaßnahmen. Dass dieses in Deutschland und vor allem in Großbritannien nicht ausreichend ausgebildet wird, hat die PISA-Studie der OECD bestätigt.[307] Die Schule muss Jugendliche auf lebenslanges Lernen vorbereiten. Einige Pflichtschulabgänger sind jedoch nicht bereit, weiter zu lernen. Hier kann das Bildungssystem ansetzen und die Bedeutung des Lernens vermitteln sowie individuelle Kompetenzen fördern, um Lernerfolge zu erzielen. Die Politik sollte den Übergang zur wissensbasierten Gesellschaft durch neue Lern- und Informationsinfrastrukturen berücksichtigen. Politische Maßnahmen müssen Bürgern Zugang zum Lernen ermöglichen, unabhängig von institutionellen Beschränkungen. Lernen muss lebenslang gefördert werden.

Die zunehmende Bedeutung des Humankapitals und des lebenslangen Lernens erfordert fundiertes Wissen über die nationalen Bildungssysteme sowie über die individuellen Arbeitsmarktpräferenzen. Das Versagen der Bildungs- und Arbeitsmarktpolitik kann erhebliche wirtschaftliche und gesellschaftliche Schäden verursachen. Die Reaktionsfähigkeit von Be-

---

[307] Vgl. OECD: PISA 2006 – Internationaler Vergleich von Schülerleistungen. Die Studie im Überblick. Naturwissenschaft, Lesen, Mathematik, 2007.

rufsbildungssystemen auf die Nachfrage sowie die Anpassung von Angebot und Nachfrage in der Berufsbildung hat daher höchste politische Priorität. Mit ausgewählten Forschungsmethoden der Früherkennung des Qualifikationsbedarfs kann für die Berufsbildung eine Informations- und Entscheidungshilfe geschaffen werden, die Hinweise über zukünftig relevante Qualifikationserfordernisse gibt. Daher müssen die erlangten Informationen und Forschungsergebnisse den politischen Entscheidungsträgern, aber auch allen Sozialpartnern zur Verfügung gestellt werden, um rechtzeitig Veränderungsprozesse, z.B. die Neuausrichtung von Berufen, einleiten zu können.

Auch finanzielle Anreize sollten vom Staat für privatwirtschaftliche und individuelle Ausbildungsinvestitionen geschaffen werden. Nationale Regierungen und Kommunalverwaltungen können verschiedene institutionelle Organisationen zusammenführen (Universitäten, Finanzdienstleister, Arbeitnehmer-/ Arbeitgeberverbände), um Ausbildungen bereitzustellen und lokale Interessen zu berücksichtigen.[308]

Zusammenfassend lässt sich sagen, dass die länderübergreifende Vergleichbarkeit von Qualifikationsnachweisen und Bildungsabschlüssen sehr wichtig ist, um Qualifikationserfordernisse EU-weit zu ermitteln. Für Hochschulen ist eine Anpassung durch den Bologna-Prozess erfolgt. Für die Schulsysteme muss eine solche EU-weite Vergleichbarkeit noch ermöglicht werden, um so innerhalb Europas einen Schulwechsel zu erleichtern. Ebenso ist dies für die Berufsbildung zu fordern. Die NQRs müssen konsequent umgesetzt und angewandt werden, in Deutschland besteht hier noch Handlungsbedarf. Dass nationale Interessen und föderalistische Strukturen dies erschweren, sollte Bemühungen in dieser Richtung nicht abschwächen. Die europaweite Anpassung der Bildungssysteme und Prognose des Qualifikationsbedarfs ermöglicht erst ein flexibleres Reagieren von Beschäftigten, Arbeitgebern, aber auch staatlichen Stellen auf Arbeitsmarktentwicklungen. Die Transparenz europäischer Bildungssysteme und -angebote kann durch eine entsprechende internationale Datenbank verbessert und grenzübergreifende/ transnationale Bildungsaktivitäten verstärkt werden.

In der Schlussfolgerung ist erkennbar, dass eine verstärkte europaweite Zusammenarbeit im Forschungsbereich erfolgen sollte. Die gemeinsame Auswertung von Qualifikationserfordernissen über das Cedefop hinaus fördert die Arbeitnehmermobilität im Sinne einer flexibleren Möglichkeit zur Wahrnehmung von Stellenangeboten im Ausland.

Ein leichterer Zugang zu Bildungsmaßnahmen ist für alle Bürger notwendig. Dieser kann z.B. durch die Vergabe entsprechender Stipendien, die bessere steuerliche Absetzbarkeit von Weiterbildungskosten, bedarfsbestimmter und unbürokratischer Berufsausbildungsförderung oder einem gesetzlichen Anspruch auf Bildungsurlaub (in Deutschland gibt es diesbezüglich Regelungen, in Großbritannien nicht) gefördert werden. Eine klare Strategie für lebenslanges Lernen ist national zu entwerfen. Diese muss für die Bürger transparent gestaltet und zugänglich gemacht werden, indem Bildungsmöglichkeiten aufgezeigt und umfassend beworben werden.

Ein Monitoring-System mit regelmäßigen Evaluationen und Qualitätskontrollen sollte eingerichtet werden, um schnell den Bedarf oder die Veränderungen feststellen zu können. Mo-

---

[308] Vgl. Internationales Arbeitsamt Genf (IAA), Internationale Arbeitskonferenz: Bericht V, 97. Tagung 2008, S. 85.

mentan sind nationale Prognosen nicht vergleichbar, nicht aktuell genug und die Ergebnisse oft nicht transparent. Die Schlussfolgerungen aus den Vorhersagen sollten länderübergreifend der Bevölkerung und Unternehmen zugänglich gemacht werden.

**Als weitere Empfehlungen für das staatliche Handeln ergeben sich folgende Aspekte:**

➢ Bei der Einschätzung des Qualifikationsbedarfes müssen sowohl quantitative als auch qualitative Aspekte berücksichtigt werden. Außerdem sind mehr Prognosen über den kurz- und mittelfristigen Qualifikationsbedarf erforderlich.

➢ Zwischen den Institutionen der allgemeinen und beruflichen Bildung und den Beschäftigungsbehörden muss die Koordination verbessert werden.

➢ Für Arbeitnehmer sind Maßnahmen zur Frühprävention von Arbeitslosigkeit zu treffen, z.B. durch die lebenslange Begleitung von Beschäftigten und frühzeitige Interventionen für das Individuum. Staatliche Maßnahmen sollten auf Beschäftigte, nicht auf Arbeitslose ausgerichtet sein.

➢ Eine Unterstützung von Arbeitgebern muss durch die Sicherstellung funktionsfähiger Beschäftigungsstrukturen erfolgen. Dies kann durch Beratungsmaßnahmen zur Erhaltung der Beschäftigungsfähigkeit des Personals in Unternehmen geschehen. Der Staat sollte Anreize für Unternehmen zu internen Weiterbildungen schaffen (training-on-the-job), um die Qualifikationen von Arbeitnehmern zu erhöhen.

➢ Berufsbegleitende Weiterbildungen und Studiengänge müssen ausgebaut und intensiver beworben werden. Der Fokus von Weiterbildungsmaßnahmen darf nicht nur auf fachliche Kompetenzen gelegt werden, sondern muss verstärkt auf Sozial-/ Methodenkompetenz ausgerichtet sein.

➢ IKT-Kenntnisse sind inzwischen in fast allen Sektoren erforderlich und schaffen eine Grundlage für die Wissenswirtschaft. Daher sollte die Nutzung von Computern, Software und dem Internet in Unternehmen weiter gestärkt werden. Im Rahmen der Bildungssysteme müssen Arbeitskräften IKT-Kenntnisse vermittelt werden. Dies kann durch entsprechenden Unterricht bereits ab der Grundschule erfolgen.

➢ Bildungssysteme müssen praxisorientierte Kenntnisse vermitteln und Kurse zum Training von soft skills wie Kommunikations- oder Teamfähigkeit durchführen.

Die Länder können gegenseitig Konsequenzen aus staatlichen Handlungen ziehen. Deutschland könnte von Großbritannien erfolgreiche Maßnahmen übernehmen. Die individuelle Karriereberatung von Arbeitslosen, wie von den britischen Jobcentre plus durchgeführt, oder die starke Berücksichtigung der Arbeitgeberinteressen durch die Sektor Skills Councils sind hierfür Beispiele. Die duale Ausbildungsstruktur in Deutschland muss zwar an die Qualifikationserfordernisse angepasst werden, verspricht aber eine bessere Ausbildung der mittleren Qualifikationsebene und kann daher wiederum von Großbritannien als best-practice-Beispiel herangezogen werden.

# 7 Fazit und Ausblick

Berufliche Bildung und zeitgemäße Qualifizierung werden aufgrund der veränderten Arbeitswelt und neuer Anforderungen an Unternehmen und ihre Mitarbeiter immer wichtiger. Veränderungen auf dem Arbeitsmarkt ergeben sich aus dem technologischen und demographischen Wandel, dem Strukturwandel, den veränderten Arbeitssystemen und -organisationen sowie dem veränderten Wissensmanagement am Arbeitsplatz.

In vorliegender Untersuchung wurden einleitend Maßnahmen der EU zur Förderung der Qualifikation von Arbeitskräften, zur Angleichung der Bildungs- und Berufsbildungssysteme und zur Untersuchung von Qualifikationserfordernissen dargelegt. Die Notwendigkeit, Vorhersagen zum Qualifikationsbedarf zu erstellen, um Fehlentwicklungen auf dem Arbeitsmarkt zu bekämpfen, wird durch die in Kapitel 2 genannten Verordnungen, Empfehlungen und Kommuniqués der EU bekräftigt. Insbesondere die Kommissionsmitteilung „Neue Kompetenzen für neue Beschäftigungen" fordert gezielte Untersuchungen bezüglich zukünftiger Qualifikationsanforderungen. Mit den beschäftigungspolitischen Leitlinien wurden Strategien zur Entwicklung des Job-Matching und zur Vermeidung und Bekämpfung entstehender Engpässe auf den Arbeitsmärkten eingeführt. Die Mitteilung über den europäischen Raum des lebenslangen Lernens legt das Ziel fest, die Lernbedürfnisse aus der Perspektive der verschiedenen Akteure zu ermitteln.

Nachfolgende Übersicht fasst die untersuchten Themenfelder zusammen:

**Abb. 10: Gegenüberstellung der Vergleichsindikatoren**

|  | Deutschland | Großbritannien |
|---|---|---|
| **Einfluss der EU** | Lebenslanges Lernen, Anpassung des Hochschulsystems (Master-/ Bachelor) durch Bologna-Prozess: Straffung von Studienzeiten → neues Konkurrenzverhalten: 3 Jahre für Bachelorabschluss, 3 Jahre für Berufsausbildungsabschluss | Lebenslanges Lernen, Verbesserung in Hochschulbildung |
| **Umsetzung EQR** | Nationaler Qualifikationsrahmen (DQR) noch nicht umgesetzt | Nationaler Qualifikationsrahmen (NQF) umgesetzt |
| **Bildungssystem** | Formalisiertes Bildungssystem (Schulbildung fällt in die Zuständigkeit der Bundesländer) | Dezentrales Qualifikationssystem (eigene Regelungen in Teilnationen) |
| **Berufliche Ausbildung** | Bundeseinheitliches duales Ausbildungssystem. Die Ausgestaltung unterliegt den Ländern, sofern es den schulischen Teil betrifft. | Freiwilliger Erwerb von Qualifikationen (NVQs) |
| **Anzahl Auszubildender** | neue Auszubildende in 2007/2008: 625.914 Personen | neue Auszubildende in 2007/2008: 224.800 Personen |
| **Mismatch?** | Ja, vorhanden | Ja, vorhanden |
| **Möglicher Gründe für Fachkräftemangel** | geringe Bereitschaft zur Weiterbildung bei Arbeitnehmern, fehlende Kenntnis über benötigte Qualifikationen | fehlende mittlere Qualifikationsebene bei Arbeitnehmern |
| **Zielgruppen mit speziellem Förderbedarf** | Geringqualifizierte, ältere Arbeitnehmer, benachteiligte Jugendliche, Frauen, Migranten, Langzeitarbeitslose | Geringqualifizierte und Arbeitnehmer mit mittlerer Qualifikation, Jugendliche, Migranten, Frauen, Langzeitarbeitslose |
| **Arbeitsmarkt** | Umfangreiche staatliche Reformen | Umfangreiche staatliche Reformen |

| | durchgeführt: Hartz-Reform | durchgeführt: New Deal, Konsequenzen aus Leitch Review |
|---|---|---|
| **Prognose-methoden** | berufliche Qualifikationsunter-suchungen, Bottom-up-Ansatz, keine Szenarienprognose, keine formalen und regelmäßigen makroökonomischen Modelle → zunehmend ganzheitliche Ansätze | Methode der Szenarien, strategische Ansätze, sektorale Betrachtung, formale und regelmäßige makroökonomische Modelle → vor allem ganzheitliche Ansätze |
| **Regionale Betrachtung** | Viele regionale Prognosen → Berücksichtigung der Regionalebene | Viele regionale Prognosen → Berücksichtigung der Regionalebene |
| **Beschäftigungs-trends** | - weniger Arbeitsplätze im Bauwesen<br>- Zunahme Dienstleistungssektor<br>- Bedarf an gut qualifizierten Fachkräften/ Fachpersonal<br>- mehr Arbeitsplätze in neuen Technologiebereichen<br>- Ingenieurmangel | - mehr Arbeitsplätze im Bauwesen<br>- Zunahme Dienstleistungssektor<br>- Bedarf an mehr Führungskräften<br>- Bedarf an Fachkräften mittlerer Qualifikationsebene |
| **Zukünftige Qualifikations-erfordernisse** | - IKT-Kenntnisse<br>- Notwendigkeit von soft skills, insbesondere in technischen Berufen<br>- Dienstleistungs- und Kundenorientierung | - IKT-Kenntnisse<br>- Notwendigkeit von soft skills auf Managerebene<br>- mittlere Qualifikationen erforderlich, um Fachkräfte auszubilden<br>- Grundbildung muss verstärkt werden (Schlüsselkompetenzen wie Rechnen, Lesen, Schreiben)<br>- Sprachkompetenz, Teamfähigkeit, Kommunikationsfähigkeit |
| **Faktoren, die eine höhere Beteiligung Erwachsener an Weiterbildung/ Lebenslangem Lernen verhindern[309]** | - Annahme einer Anstellung auf Lebenszeit<br>- Geringqualifizierte und ältere Arbeitnehmer nahmen nicht ausreichend an Weiterbildungsmaßnahmen teil<br>- Arbeitgeber konzentrieren Weiterbildungsmaßnahmen auf Hochqualifizierte (Fach-, Führungskräfte) | - geringer Antrieb und niedriges Bewusstsein über die Vorteile von Qualifikationen<br>- Mangel an effizienter Information und Beratung<br>- Mangel an Klarheit über finanzielle Fördermöglichkeiten<br>- Unterschiede in der Angebotsqualität |
| **Regierungs-behörden** | Bundesministerium für Bildung und Forschung (BMBF), Bundesministerium für Arbeit und Soziales (BMAS) | neu: Department for Business, Innovation and Skills (BIS) |
| **Handeln der Arbeitsagenturen** | aktivierende Arbeitsmarktpolitik | aktivierende Arbeitsmarktpolitik |
| **Staatliche Unterstützung von Weiterbildung/ Lebenslangem Lernen** | - Bildungsgutscheine und Trainingsmaßnahmen der Arbeitsverwaltung<br>- BMBF: Innovationskreis Berufliche Bildung (IKBB)<br>- BMBF: Innovationskreis Weiterbildung (IKWB)<br>- BMBF: Qualifizierungsinitiative 2008 | Maßnahmen des Berichtes World Class Skills:<br>- Einrichtung individueller Lernkonten,<br>- individuelle Karriereberatung,<br>- Zielvereinbarungen über Weiterbildungsmaßnahmen der Arbeitgeber mit staatlicher Förderung (Skills Pledge) |
| **Empfehlung** | - praxisorientierter Unterricht<br>- Flexibilität und Qualität dualer Ausbildung erhöhen<br>- Individuellere Bildungsplanung | - Erhöhung der Schulabgänger mit Schulabschluss<br>- höhere Anzahl von Ausbildungsplätzen und duale Ausbildung |

**Quelle**: Eigene Darstellung

---

[309] Vgl. Europäisches Beschäftigungsobservatorium: Bericht Herbst 2007, 2008, S. 44 – 45, 178.

Aufgrund der erfolgten Untersuchung der jeweiligen Arbeitsmarkt- und Bildungssituation in Deutschland und Großbritannien, der anschließenden Auswertung der Vorhersagen über die nationalen Qualifikationserfordernisse und der daraus erarbeiteten Empfehlungen für staatliches Handeln konnten die eingangs aufgeworfenen, forschungsleitenden Fragen beantwortet werden.

Die Betrachtung der aktuellen Bildungs- und Arbeitsmarktsituation und die statistische Auswertung haben Unterschiede zwischen Deutschland und Großbritannien ergeben. In Deutschland sind Art und Umfang der Berufsbildung (Ausbildung oder Studium) historisch gewachsen und werden selbstverständlicher in Anspruch genommen. Viele Arbeitnehmer glauben jedoch, dass der Lernprozess nach erfolgter Ausbildung abgeschlossen ist und sie gut auf das Berufsleben vorbereitet sind. Die statistische Analyse hat ergeben, dass in Deutschland eine sehr hohe Arbeitslosigkeit bei Geringqualifizierten besteht, da für die Arbeitgeber genügend Arbeitskräfte mit mittlerer Qualifikation zur Verfügung stehen, welche aus dem dualen Bildungssystem hervorgehen. Daraus haben sich auch bei den Arbeitgebern höhere Qualifikationsansprüche an Beschäftigte ergeben. Die Inanspruchnahme der (Erst-) Bildung ist in Deutschland in der Regel kostenlos. Die Höhe der Studiengebühren entspricht noch lange nicht den Schulkosten in Großbritannien. Da kostenlose Bildung Normalität ist, könnte dies ein Grund für die geringe Bereitschaft der Arbeitnehmer zu finanziellen Investitionen in Maßnahmen des lebenslangen Lernens sein. Durch die Umsetzung der Maßnahmen des Bologna-Prozesses wurde in Deutschland das Hochschulsystem gestrafft, um Studienziele schneller zu erreichen.

Aus der Analyse in Kapitel 3 geht hervor, dass in Großbritannien das mittlere Qualifikationsniveau verstärkt werden muss. Die Anzahl der Studenten ist im Vergleich zu Deutschland hoch und in den letzten 10 Jahren weiter gestiegen. Es gibt einen hohen Anteil britischer Geringqualifizierter zu Lasten des mittleren Bildungssektors. Weiterhin gibt es sehr viele Teilnehmer an Weiterbildungsmaßnahmen und dem lebenslangen Lernen im Erwachsenenalter in Großbritannien, mehr als in Deutschland. Dass man für höhere Bildung zahlt, ist dort seit jeher die Regel, was die höhere Weiterbildungsbereitschaft gegenüber Deutschland erklären kann. Fehlentwicklungen wurden jedoch insbesondere bei der Anzahl der arbeitslosen Jugendlichen erkannt, da hier eine hohe Arbeitslosenquote vorherrscht.

Die statistische Auswertung hat bestätigt, dass beide Länder ein Mismatch-Problem haben und Arbeitsmarktfehlentwicklungen vorliegen. In Großbritannien fehlen oft Arbeitskräfte mit einer mittleren Qualifikation, was mit den unzureichenden Möglichkeiten der Wahrnehmung einer beruflichen Ausbildung begründet werden kann. Die Quote der offenen Stellen ist in Deutschland höher als in Großbritannien, in beiden Ländern liegt sie über dem EU-Durchschnitt. Hierbei sind Fehlentwicklungen erkennbar, da offene Stellen nicht mit arbeitslosen Personen besetzt werden können, da diese nicht über die benötigten Kompetenzen verfügen. Mögliche Gründe auf Seiten der Arbeitskräfte können eine falsche Ausbildungswahl oder die zu geringe Bereitschaft zur Weiterbildung sein. In den Ländern wurden jedoch in den letzten 10 Jahren umfangreiche Arbeitsmarktreformen durchgeführt, um den Fehlentwicklungen entgegen zu wirken.

Zur Lösung der Problematik der Fehlentwicklungen auf dem Arbeitsmarkt werden national verschiedene Methoden angewandt, um Qualifikationserfordernisse zu ermitteln. Beide Länder haben ein gut entwickeltes, komplexes Vorhersagesystem und führen regionale Untersuchungen durch. Während in Deutschland vor allem berufliche Qualifikationsuntersuchungen unter Berücksichtigung des Bottom-up-Ansatzes durchgeführt und erst zunehmend kombinierte Prognosen angewandt werden, nutzt Großbritannien vor allem ganzheitliche Vorhersagen wie die Methode der Szenarien in Verbindung mit strategischen Ansätzen unter Berücksichtigung sektoraler Betrachtung sowie makroökonomische Modelle.

Aus dem Vergleich der Vorhersagen ergibt sich, dass die Anwendung eines ganzheitlichen Ansatzes unter Nutzung unterschiedlicher Prognosemethoden sowohl zur gegenwartsbezogenen Qualifikationsbedarfsermittlung als auch zur Früherkennung in der Zukunftsperspektive (drei bis fünf Jahre) zu empfehlen ist. Die Umsetzung kann durch eine Berücksichtigung verschiedener Datenquellen und Kombinierung quantitativer und qualitativer Umfragen auf europäischer Ebene erfolgen. Prognoseansätze liefern einerseits Erkenntnisse über neue Trends in einem Untersuchungsfeld und entwickeln andererseits Zukunftsszenarien zu sektoralen, nationalen und regionalen Entwicklungen. Ganz im Sinne der europäischen Politik sollen dabei Wachstum und Beschäftigung durch vorausschauendes Handeln unterstützt werden. Kritisch anzumerken bleibt, dass die Nutzung der Prognoseergebnisse für die Gestaltung von (beruflichen) Bildungsprozessen dabei bisher eine viel zu geringe Rolle spielt.

Der Vergleich der Ergebnisse der deutschen und britischen Prognosemethoden lässt schlussfolgern, dass trotz einiger Gemeinsamkeiten und Entwicklungstrends nationale Unterschiede vorliegen. Dies gestaltet die Vergleichbarkeit auf EU-Ebene schwierig. Durch eine zunehmende Arbeitsmarktmobilität in Europa ist das Wissen über zukünftige Qualifikationserfordernisse auf dem europäischen Arbeitsmarkt dringend erforderlich. Dies bestätigt auch die Notwendigkeit eines europäischen Systems zur Früherkennung von Qualifikationserfordernissen mit einer angemessenen Leistungsfähigkeit, um stabile, zuverlässige und regelmäßige Informationen auf Ebene der EU zu erhalten. Die EU-Initiative „Neue Kompetenzen für neue Beschäftigungen" hat dies bereits hervorgehoben. Eine größere Zusammenarbeit zwischen europäischen und nationalen Institutionen (wie dies bereits durch das deutsche FreQueNz-Netzwerk mit dem Cedefop erfolgt) ist notwendig, um diesen Prozess voranzutreiben. Ein gemeinsamer europäischer Ansatz sollte auch regionale Erkenntnisse berücksichtigen. Er kann nationale Prognosen unterstützen, nicht ersetzen, sowie den zusätzlichen Mehrwert („added value") für die Mitgliedstaaten durch gemeinsame Analysen und Forschungsprojekte verdeutlichen.

Aus der Gegenüberstellung der Prognosemethoden ergibt sich weiterhin, dass diese vergleichbarer und transparenter gestaltet werden müssen. Um aktuelle Ergebnisse zu liefern, sollten regelmäßig Vorhersagen für einen kürzeren Zeitraum erstellt und die Konsequenzen und Maßnahmen aus den Ergebnissen stärker verbreitet werden.

Viele Veränderungen auf dem Arbeitsmarkt sind von äußeren Faktoren abhängig, z.B. der konjunkturellen Entwicklung, wie die momentane Finanz- und Wirtschaftskrise gezeigt hat. Daher müssen Prognosen auch kritisch betrachtet werden. Unabhängig davon haben jedoch alle ausgewerteten Vorhersagen einen gemeinsamen Trend in den notwendigen Kompetenzen für Deutschland und Großbritannien ergeben: IKT-Kenntnisse und umfassende soziale Kompetenzen (soft skills) sind zukünftig in beiden Ländern in fast allen Berufen verstärkt notwendig und müssen daher gezielt ausgebildet werden. Es wurde im Ergebnis ein genereller Trend zur Notwendigkeit von Höherqualifizierung (upskilling) festgestellt. Arbeitsstellen mit geringen Anforderungen erfordern zunehmend ein mittleres Qualifikationsniveau, Arbeitsplätze mittlerer Qualifikation ein hohes Kompetenzniveau.

Der Bedarf an hochqualifizierten Kräften im Dienstleistungsbereich wird in beiden Ländern steigen. Besonders gefragt sind Manager, Führungskräfte, Wissenschaftler und Ingenieure. Die Branche der unternehmensnahen Dienstleistungen wächst und erfordert Fachkräfte im Finanzdienstleistungssektor, Versicherungssektor oder IT-Servicebereich. Die Lern- und Weiterbildungsbereitschaft muss zunehmen. E-Qualifikationen müssen bereits vom Grundschulalter an vermittelt werden.

Differenzen zwischen Deutschland und Großbritannien gibt es nur in einigen Sektoren, z.B. im Bauwesen. Übereinstimmungen der Beschäftigungstrends in beiden Ländern sind beim Wachstum des Dienstleistungssektors und Servicebereichs vorhanden, der zunehmend gut ausgebildete Arbeitskräfte mittlerer Qualifikation erfordert. Beschäftigte in diesem Sektor müssen kundenorientiert, servicebereit, team- und verhandlungsfähig arbeiten. Primärsektor und Handwerk bauen Arbeitsstellen ab, die verbleibenden Stellen benötigen durch neue technische Anforderungen weniger Geringqualifizierte. In Großbritannien gibt es ein Defizit bei vielen Grundkenntnissen (rechnen, lesen, schreiben). Diese Schlüsselkompetenzen müssen daher dort besser ausgebildet werden. Die Qualität der schulischen Ausbildung muss demnach verbessert werden, insbesondere im Grundschulbereich.

Betrachtet man die Studienergebnisse bezüglich beruflicher Handlungskompetenz, so spielt neben der Sozialkompetenz auch die Methodenkompetenz der Arbeitskräfte eine wichtige Rolle, also das Verständnis für komplexere Vorgänge, die Lernbereitschaft und der Umgang mit persönlichem Erfahrungswissen. Daraus folgt, dass informell erlerntes Wissen zukünftig dokumentiert und viel stärker als bisher anerkannt und insbesondere bei Arbeitsplatzeinstellungen berücksichtigt werden sollte.

Der Staat sollte die Prognoseergebnisse stärker öffentlich machen und die Bevölkerung umfassender über die Notwendigkeit der Anpassung der eigenen Kompetenzen an sich immer schneller ändernde Herausforderungen informieren. Ohne Qualifikationen können Arbeitskräfte keinen Anschluss an die rasanten Veränderungen auf dem Arbeitsmarkt finden. Eine Anpassung der Bildungs- und Arbeitsmarktinstrumente „unter Anleitung" der EU ist für die Vergleichbarkeit von Qualifikationen, die Mobilität von Arbeitskräften und die Forschung im Bereich der Berufsbildung und Qualifikationsbedarfsermittlung innerhalb Europas daher notwendig. Die Kompetenzentwicklung in der Schule muss auf die späteren Erfordernisse des Arbeitsmarktes abgestimmt werden. Aus den Ergebnissen ist erkennbar, dass sowohl in Deutschland als auch in Großbritannien noch Handlungsbedarf besteht, und diese durch finanzielle Anreizsysteme Weiterbildungen unterstützen und lebenslanges Lernen als klare Strategie in der Öffentlichkeit publizieren müssen.

Die Weiterbildung von Beschäftigten sollte jedem Arbeitgeber als ausschlaggebender Investitionsfaktor zur Steigerung der Wirtschaftskraft verdeutlicht werden. Der Staat als Schnittstelle zwischen Arbeitskräfteangebot und -nachfrage und als Initiator von Bildungsmaßnahmen kann auf die Verbesserung von Kompetenzen gezielt einwirken. Die Förderung von geringqualifizierten Beschäftigten in Deutschland und von gering- und mittelqualifizierten Arbeitnehmern in Großbritannien muss dabei primär erfolgen.

Für den Beruf erforderliche Kompetenzen haben sich verändert, daher müssen Berufsbilder diesbezüglich angepasst werden. Ein Kfz-Mechaniker muss beispielsweise heutzutage auch über elektrische Kenntnisse verfügen, was zum Berufsbild des Mechatronikers geführt hat. Alle Berufsbilder sollten auf neue Notwendigkeiten und damit veränderten Kompetenzbedarf überprüft werden und in vielen Bereichen müssen neue Qualifikationsprofile in der Ausbildung berücksichtigt werden.

Der Staat kann durch die Anwendung gezielter, aktivierender Arbeitsmarktinstrumente und die Unterstützung der Prognoseforschung einen Beitrag zur Reduzierung von Fachkräftelücken leisten.

Großbritannien hat trotz der liberalen Einstellung und des gering ausgeprägten System des Wohlfahrtsstaates viele Maßnahmen initiiert. Deutschland hat insbesondere durch die Initiativen des BMBF einige Maßnahmen eingeleitet, diesbezügliche Ergebnisse und Entwicklungen bleiben abzuwarten. Betreffend der Jugend- und Frauenarbeitslosigkeit, des Wissenserhalts älterer Arbeitnehmer und der Integration von Migranten muss noch viel getan werden. Hierfür sind spezielle Untersuchungen und Maßnahmen nötig. Das allgemeine Qualifikationsniveau muss erhöht werden, um die Bevölkerung für die Anforderungen der Wissensgesellschaft fit zu machen. Zur Lösung der Problematik des Fachkräftemangels sind komplexe Strategien und zukunftsorientierte Ansätze notwendig.

Abschließend bleibt festzuhalten, dass einige Fragen einer weiteren Untersuchung bedürfen. Es müssen länderübergreifend einheitliche Verfahren entwickelt werden, um informelle Kompetenzen (z.B. im Alltag oder bei ehrenamtlichen Tätigkeiten erworbene Kenntnisse) in der beruflichen Bildung festzustellen und anzuerkennen. Förderungsmöglichkeiten für Weiterbildungen in kleinen und mittleren Unternehmen müssen geschaffen werden. Fraglich bleibt auch, wie das Lernen zwischen den Generationen gefördert werden kann, um das Wissen und die Kompetenzen älterer Arbeitnehmer zu erhalten. Der technologische Wandel erfordert weitere gezielte Untersuchungen, wie Kompetenzen im Hochtechnologiebereich entwickelt werden können. Erst-, Berufs-, Hochschul- und Weiterbildung müssen besser verzahnt werden und Bildungsberatung effektiver stattfinden.

Eine konkrete Betrachtung dieser einzelnen Aspekte und Einflussfaktoren kann an dieser Stelle nicht vorgenommen und muss der weiteren Forschung überlassen werden. Die Untersuchung hat zunächst grundlegende Fragen im Bereich der Vorhersage von Qualifikationserfordernissen beantwortet, um in Zukunft Entwicklungen auf dem Bildungs- und Arbeitsmarkt gezielter betrachten zu können. Die vergleichende Analyse hat gezeigt, dass sowohl in Großbritannien als auch in Deutschland das Vorhandensein von Sozialkompetenz und technischen Informations- und Kommunikationskenntnissen bei Arbeitskräften zunehmend unverzichtbar ist und durch staatliches Handeln gefördert werden muss. Nur durch die konsequente Umsetzung der genannten bildungs- und arbeitsmarktpolitischen Maßnahmen können beide Staaten Fehlentwicklungen auf dem Arbeitsmarkt entgegentreten.

# Anhang

**Abb. 11: Übersicht der wichtigsten Strategien und Ziele der EU bei der Anpassung der Berufsbildung**

| Strategie | Ziele und Prioritäten |
|---|---|
| **Bologna-Prozess 1999** | Bis zum Jahr 2010 einen gemeinsamen europäischen Hochschulraum schaffen, durch Einführung eines gestuften Studiensystems aus Bachelor und Master mit europaweit vergleichbaren Abschlüssen, die Einführung und Verbesserung der Qualitätssicherung sowie die Steigerung der Mobilität im Hochschulbereich. (ECTS) |
| **Lissabon-Strategie 2000** | "Europa zum dynamischsten wissensbasierten Wirtschaftsraum der Welt machen...mit mehr und besseren Arbeitsplätzen..." durch<br>• Transparenz der Befähigungsnachweise<br>• Anpassung der Systeme der allgemeinen und beruflichen Bildung in der EU an die Anforderungen der Wissensgesellschaft |
| **Europäischer Rat Stockholm 2001** | • höhere Qualität und verbesserte Wirksamkeit der Systeme der allgemeinen und beruflichen Bildung in der EU<br>• leichterer Zugang zur allgemeinen und beruflichen Bildung für alle<br>• Öffnung der Systeme der allgemeinen und beruflichen Bildung ggü. Drittstaaten |
| **Europäischer Rat Barcelona 2002** | • Arbeitsprogramm auf Grundlage der beschlossenen Ziele<br>• Allgemeine und berufliche Bildung in Europa soll bis 2010 zur weltweiten Qualitätsreferenz werden<br>• engere Zusammenarbeit im Universitätsbereich<br>• Verbesserung der Transparenz und Methoden zur gegenseitigen Anerkennung von Berufsbildungssystemen<br>• Strategischer Rahmen für lebenslanges Lernen in Europa |
| **Erklärung von Kopenhagen 2002** | • Ausbau der Zusammenarbeit im Berufsbildungsbereich<br>• Schaffung eines europäischen Raums der Berufbildung<br>• gemeinsame Prioritäten und Instrumente<br>• Entwicklung eines Europäischen Qualifikationsrahmens (EQR)<br>• Verbesserung von Transparenz, Information, Beratung<br>• Anerkennung von Kompetenzen und Qualifikationen<br>• Verbesserung der Qualitätssicherung |
| **Maastricht-Kommuniqué 2004** | • Überprüfung der Fortschritte<br>• Umsetzung der Instrumente von Kopenhagen (Qualitätssicherung, Validierung; Europass, EQR, ECVET)<br>• Entwicklung flexibler, individueller Bildungswege, Planung des Berufsbildungsangebotes<br>• Frühzeitige Ermittlung nachgefragter Kompetenzen<br>• Stärkung der Weiterentwicklung der Kompetenzen der Lehrkräfte |
| **Helsinki-Kommuniqué 2006** | • Stärkung von Attraktivität und Qualität der Berufsbildung<br>• weitere Entwicklung und Nutzung der Instrumente (EQR, ECVET, Europass)<br>• Stärkung des gegenseitigen Lernens<br>• Einbindung aller Akteure in Umsetzung Kopenhagen-Prozess |

**Quellen:**
- Cedefop: 2010 im Blickpunkt – Neubewertung der Berufsbildung, 2008, S. 22 – 25.
- Kommuniqué von Maastricht zu den künftigen Prioritäten der verstärkten europäischen Zusammenarbeit in der Berufsbildung (Fortschreibung der Kopenhagener Erklärung vom 30.11.2002).
- Homepage Bologna-Prozess: http://www.ond.vlaanderen.be/hogeronderwijs/bologna/, letzter Zugriff am 23.06.2009.
- Europäische Kommission, GD Wachstum und Beschäftigung: Die Lissabon-Strategie für Wachstum und Beschäftigung, http://ec.europa.eu/growthandjobs/faqs/background/index_de.htm, letzter Zugriff am 15.06.2009.
- Kommuniqué von Helsinki über die verstärkte europäische Zusammenarbeit in der Berufsbildung.

**Abb. 12: Grundstruktur des Bildungswesens in Deutschland**

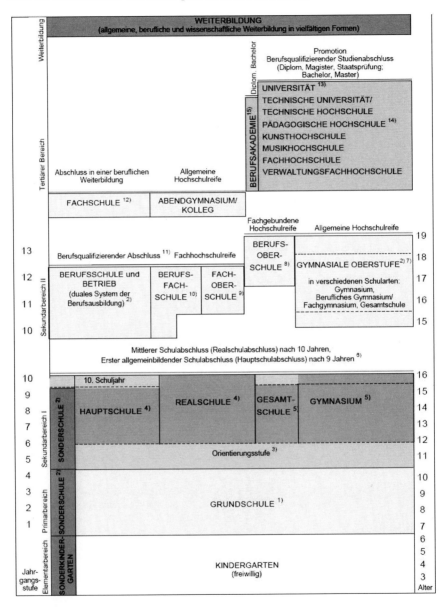

**Quelle**: Sekretariat der Ständigen Konferenz der Kultusminister der Länder in der Bundesrepublik Deutschland, Dokumentations- und Bildungsinformationsdienst, Bonn 2009, http://www.kmk.org/fileadmin/doc/Dokumentation/Bildungswesen_pdfs/dt-2009.pdf, letzter Zugriff am 22.06.2009.

**Abb. 13: Das englische berufliche Weiterbildungssystem – Veranschaulichung des nationalen Qualifikationsrahmens**

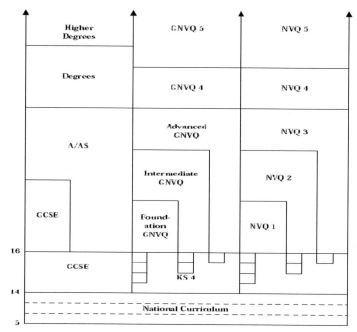

**Quelle**: Hammer, Hans Dieter: Modulare Aus- und Weiterbildung – Vergleichende Betrachtung des Bildungswesens im Vereinigten Königreich und Deutschlands, in: Cedefop Berufsbildung Nr. 7/1996, Europäische Zeitschrift, S. 31.

## Abb. 14: Der britische nationale Qualifikationsrahmen (NQF)

| National Qualifications Framework (NQF) – higher levels | | | Framework for Higher Education Qualification levels (FHEQ) |
|---|---|---|---|
| Original NQF levels | Revised NQF levels | National Vocational Qualifications (NVQs) | |
| Original level 5 | Revised level 8 | NVQ level 5 | D (doctoral) |
| Original level 5 | Revised level 7 | NVQ level 5 | M (masters) |
| Original level 4 | Revised level 6 | NVQ level 4 | H (honours) |
| Original level 4 | Revised level 5 | NVQ level 4 | I (intermediate) |
| Original level 4 | Revised level 4 | NVQ level 4 | C (certificate) |

**Quelle**: Qualifications and Curriculum Authority (QCA), http://www.qca.org.uk/, letzter Zugriff am 17.06.2009.

**Abb. 15: Darstellung einiger britischer Bildungs- und Beschäftigungsinstitutionen**

| Ebene | Name der Institution und Kompetenzbereich |
|---|---|
| **Nationale Organisation** | Qualification and Curriculum Authority (QCA): Regulierungsbehörde für Kompetenzen, Lehrpläne, externe Qualifikationen in allen Bereichen der Aus- und Weiterbildungssysteme (außer Hochschulbildung) |
| **Nationale Beratungseinrichtung** | National Skill Task Force (1997-2000): Arbeitsmarktanalysen und Umsetzung von Maßnahmen |
| **Nationale Agenturen** | Learning and Skills Councils (*LSCs*): zentral verantwortlich für alle Bildungs- und Ausbildungsangebote für über 16jährige (außer Hochschulbildung) sowie Netzwerk aus lokalen LSCs |
| | Sector Skills Development Agency (*SSDA*): Koordinationsbehörde für die SSCs, verantwortlich für Zielsetzung und Maßnahmenregulierung, inklusive Entwicklung und Zertifizierung von nationalen Berufsstandards, vorbehaltlich der Verantwortung der QCA. Die SSDA wurde durch die neue Behörde „UK Commission for Employment and Skills" (*UKCES*) am 01.04.2008 übernommen. |
| **Branchenorganisationen** | 26 Sector Skills Council (*SSCs*), Arbeitgebervertreter, die für jeweilige Branche ihren Qualifikationsbedarf äußern sowie Vorhersagen über Wirtschaftswachstum oder zukünftige Qualifikationserfordernisse erstellen |
| **Nationale Interessengruppen** | Gewerkschaften, Arbeitgeberverbände, Handelsvereinigungen, Handelskammern |
| **Regionale Organisationen** | Regional Development Agencies (*RDAs*) sowie andere Entwicklungsagenturen auf regionaler Ebene |
| **Lokale Organisationen** | Lokale Träger der LSCs |
| **Arbeitsverwaltung** | Jobcentre Plus: verantwortlich für Stellenbesetzung und Bezahlung von Sozialbeihilfen als Exekutivbehörde des Department for Work and Pensions (*DWP*) |

**Quelle**: Eigene Darstellung in Anlehnung an Lindley, R.M.: Projections and institutions: the state of play in Britain, in: Neugart, M./ Schömann, K.: Forecasting Labour Markets in OECD Countries – Measuring and Tackling Mismatches, 2002, S. 134, sowie Wilson, R./ Lindley, R.: Identifying skill needs in the UK, in: Cedefop Panorama: Systems, institutional frameworks and processes for early identification of skill needs, 2007, S. 27-33.

**Abb. 16: Quantitative vs. Qualitative Analysen des Qualifikationsbedarfs**

| Quantitative Prognosen | Qualitative Prognosen |
|---|---|
| Gesamtbetrachtung (Makro-Ebene) | Partialbetrachtung (Mikro-Ebene) |
| **+** Vergleichbarkeit, theoretische Konsistenz | **+** Möglichkeit der Darstellung detaillierter spezifischer Bedingungen ist möglich (auch außerhalb statistischer Definitionen) |
| **+** Relativ geringe Kosten der Erstellung / Erhebung | **+** Ermittlung von Qualifikationsbedarf innerhalb von Berufen, Veränderung von Tätigkeiten |
| **+** Objektivität / Repräsentativität der Daten | **+** Auch bei starker Disaggregation valide Ergebnisse |
| **+** Leichte Wiederholbarkeit der Analysen mit aktualisierten Daten | **+ / -** Vorwiegend kurzfristiger Zeithorizont |
| **+ / -** Entwicklung von Berufen im wirtschaftlichen Kontext | **-** Bedingte Vergleichbarkeit durch Methoden-Mix |
| **-** Eingeschränkte Reliabilität bei hohem Detaillierungs- und Regionalisierungsgrad | **-** Hohe Kosten der Erstellung |
| **-** Begrenzter Informationsgehalt statistischer Standarddaten | **-** Abhängigkeit der Ergebnisse von Methode und Durchführendem |
| **-** Begrenzte Berücksichtigung von Überlappungsbereichen ("Job Families"[7]) | **-** Regelmäßig wiederholte Erhebungen schwierig |

Die Tabelle skizziert die spezifischen Vorteile (+) und Nachteile (-) der Prognoseansätze.

**Quelle**: Hilbert, C./ Mytzek, R.: Strategische und methodische Ansatzpunkte zur Ermittlung des regionalen Qualifikationsbedarfs, Diskussionspapier WZB, 2002, S. 4.

**Abb. 17: Vergleich einiger deutscher Prognoseverfahren**

| Deutschland | |
|---|---|
| **Forschungsnetz FreQueNz** | |
| Prognosezeitraum | Mittelfristig |
| Intervall | Laufend |
| Beteiligte Akteure | Insgesamt zwölf Institute gehören zum engen Kreis der Forschungsinitiative: Forschungsinstitut Betriebliche Bildung (f-bb), Fraunhofer-Institut für Arbeitswirtschaft und Organisation (Fraunhofer IAO), Berufsfortbildungswerk Hamburg (bfw), Bundesinstitut für Berufsbildung (BiBB), Deutscher Gewerkschaftsbund (DGB), Helmut Kuwan – Sozialwissenschaftliche Forschung und Beratung München (HK-Forschung), Informationsmanagement GmbH Stuttgart (Infoman), isw Institut für Strukturpolitik und Wirtschaftsförderung gemeinnützige Gesellschaft mbH, Kuratorium der Deutschen Wirtschaft für Berufsbildung (KWB), Forschungsinstitut für Berufsbildung im Handwerk an der Universität zu Köln (FBH), TNS Infratest Sozialforschung München, Wissenschaftszentrum Berlin für Sozialforschung (WZB) |
| Methoden | Bündelung der Früherkennungsresultate |
| Quellen | Stellenanzeigenanalysen, Betriebsbefragungen, Inserentennachbefragungen, Datenbankanalyse |
| Perspektive | Frühzeitiges Erkennen zukünftiger Qualifikationsanforderungen |
| Zielsetzung | Beurteilung der Ergebnisse hinsichtlich ihrer Bedeutung für die Berufsbildung[310] |
| Zielgruppe/ Nutzer | Unterstützung des BMBF als Projektträger, weitere Bildungsträger, Unternehmen, Sozialpartner, Verbände, Berufsbildungsforscher |
| Ansatzebene | National |
| Informationsquelle | Homepage FreQueNz: www.frequenz.net |
| **Repräsentative Analyse der Qualifikationsnachfrage auf dem Arbeitsmarkt durch das Bundesinstitut für Berufsbildung (BIBB)** | |
| Prognosezeitraum | Kurzfristig |
| Intervall | Laufend |
| Beteiligte Akteure | BIBB im Rahmen der FreQueNz-Initiative |
| Methoden | Quantitative Auswertung von Stellenanzeigen, Inserentennachbefragungen, Betriebsbefragungen |
| Quellen | Unternehmen, Medien |
| Perspektive | Nachfrage, speziell im IT-Sektor |
| Zielsetzung | Neue Beschäftigungsfelder und Erwerbstätigkeiten identifizieren |
| Ansatzebene | National |
| Informationsquelle | Homepage BIBB: www.bibb.de |
| **Qualitative Prognose des Bundesinstitutes für Berufsbildung (BIBB): Referenz-Betriebs-System** | |
| Prognosezeitraum | Kurzfristig |
| Intervall | Laufend |
| Beteiligte Akteure | BIBB im Rahmen der FreQueNz-Initiative |
| Methoden | Auswertung von Stellenanzeigen, Befragung von Unternehmen/ Arbeitgebern |
| Quellen | Tageszeitungen und Fachzeitschriften |
| Perspektive | Nachfrage |
| Zielsetzung | Abgleich von Angebot und Nachfrage, Ermittlung Fachkräftemangel |
| Ansatzebene | National |
| Informationsquelle | Homepage BIBB: www.bibb.de |

---

[310] Vgl. Cedefop/ BMBF: Ermittlung künftiger Qualifikationserfordernisse – Forschungstransfer in Politik und Praxis, 2005, S. 40.

## Institut für Arbeitsmarkt- und Berufsforschung (IAB): Das Prognos-Modell

| | |
|---|---|
| Prognosezeitraum | Mittelfristig |
| Intervall | Alle 5 Jahre sowie laufende Projekte, momentan 09/2007 bis 12/2009 |
| Beteiligte Akteure | IAB, PROGNOS-Institut, DIW, Experten vom Institut für Arbeitsmarkt- und Berufsforschung der Bundesagentur für Arbeit sowie vom Bundesinstitut für Berufsbildung |
| Methoden | Qualifikationsprognose anhand von Szenarien. Ausgangspunkt der IAB/Prognos-Projektionen bildet die Beschäftigungsentwicklung, gegliedert nach Wirtschaftszweigen und Tätigkeiten bzw. ihren Kombinationen. |
| Quellen | Mikrozensus, Strukturprognosen des Prognos Deutschland Report, Sonderanalysen von Daten aus dem SOEP des Deutschen Instituts für Wirtschaftsforschung (DIW) |
| Perspektive | National |
| Zielsetzung | Prognose der Qualifikationsstruktur in Deutschland |
| Ansatzebene | National |
| Informationsquelle | Homepage IAB/ Prognos: http://www.iab.de/138/section.aspx/Projektdetails/k090120e13 |

## Zukunft von Bildung und Arbeit: Perspektiven von Arbeitskräftebedarf und –angebot bis 2015
[Bericht der Bund-Länder-Kommission für Bildungsplanung und Forschungsförderung (BLK) an die Regierungschefs von Bund und Ländern]

| | |
|---|---|
| Prognosezeitraum | Langfristig |
| Intervall | 5-jährig |
| Beteiligte Akteure | Bund-Länder-Kommission |
| Methoden | Analyse: Die Bund-Länder-Kommission für Bildungsplanung und Forschungsförderung veröffentlicht Unterlagen zur Situation und Planung in bestimmten Bereichen des Bildungswesens und der gemeinsamen Forschungsförderung und führte bereits seit 1978 Prognosen zur Beobachtung von Arbeitsmarktentwicklungen basierend auf dem Prognos-Modell durch. |
| Quellen | Mikrozensus, Strukturprognosen, Sonderanalysen |
| Perspektive | National (Unterscheidung Ost-/Westdeutschland) |
| Zielsetzung | Ermittlung der Perspektiven von Arbeitskräfteangebot und –nachfrage |
| Ansatzebene | National |
| Informationsquelle | Der Bericht ist abrufbar unter: http://www.blk-bonn.de/papers/heft104.pdf. |

Hinweis: Mit Ablauf des 31. Dezember 2007 hat die BLK ihre Tätigkeiten eingestellt, vgl. Homepage BLK: http://www.blk-bonn.de/blk-rueckblick.htm,

## Institut für Arbeitsmarkt- und Betriebsforschung (IAB) der Bundesagentur für Arbeit : IAB-Betriebspanel

| | |
|---|---|
| Prognosezeitraum | Kurzfristig (nächste 2 Jahre) |
| Intervall | Jährlich |
| Beteiligte Akteure | IAB, BIBB, Arbeitgeber, Bundesagentur für Arbeit |
| Methoden | Regionale Erhebungen: Arbeitgeberbefragung von Betrieben aller Wirtschaftszweige und Betriebsgrößenklassen zu einer Vielzahl personalpolitischer Themen und Ausbildungskapazitäten. |
| Quellen | Betriebs-Panel-Untersuchungen |
| Perspektive | Regional, Nachfrageseite (Tätigkeiten) |
| Zielsetzung | Regionale Qualifikationsanalyse |
| Ansatzebene | National |
| Informationsquelle | Informationen unter: http://www.bibb.de/de/wlk8249.htm, letzter Zugriff am 24.06.2009. Der Bericht für das Jahr 2008 ist abrufbar unter: http://doku.iab.de/kurzber/2008/kb1908.pdf. |

| Fachkräftemonitor: Berichtssystem zur Früherkennung von Personal- und Qualifizierungsbedarf; Erfolgskriterien und Perspektiven für eine dauerhafte Nutzung einer kontinuierlich aktualisierten Informationsbasis in Chemnitz, Dessau und Jena | |
|---|---|
| Prognosezeitraum | Langfristig (10 Jahre) |
| Intervall | Erstmals 2001 |
| Beteiligte Akteure | Projektion |
| Methoden | Unternehmensbefragungen |
| Quellen | Beschäftigungsstatistik der BA, Prognos-Deutschland-Report, IAB-Betriebspanel und IHK-Konjunkturberichte |
| Perspektive | Regional (Thüringen, Sachsen, Sachsen-Anhalt), Berufsgruppen, Bedarf |
| Zielsetzung | Schätzung des Nettobedarfs in bestimmten Berufsgruppen im 10-Jahres-Vergleich: Personal- und Qualifizierungsbedarf exemplarisch in den drei Regionen bei den jeweils wichtigsten industriellen Gruppen von Beschäftigen zu identifizieren und Hinweise auf Bildungsinvestitionen zu geben |
| Ansatzebene | Regional |
| Informationsquelle | Homepage Fachkräftemonitor: http://www.fachkraeftemonitor.de |

| Entwicklungsplanung Qualifikation im Land Bremen (EQUIB), Regionales Monitoring-System Qualifikationsentwicklung (RQM) | |
|---|---|
| Prognosezeitraum | Kurzfristig |
| Intervall | EQUIB 1990–2008, RQM 2000–2008 |
| Beteiligte Akteure | Institut Arbeit und Wirtschaft Bremen (IAW), Universität Bremen, Arbeitnehmerkammer Bremen |
| Methoden | Fallstudien, Experteninterviews, regionale Betriebspanels, Monitoringberichte |
| Quellen | Quantitative Bedarfserhebungen |
| Perspektive | Sektorale Arbeitsmarktbetrachtung |
| Zielsetzung | Zeitnahe Berichterstattung über Qualifikationsentwicklung und Trends in allen relevanten regionalen Wirtschaftsbereichen |
| Ansatzebene | Regional |
| Informationsquelle | Homepage: http://www.iaw.uni-bremen.de/equib/ |

| Prospect: Branchenbericht Dienstleistungen – Regionales Monitoring für Arbeitspolitik in der Märkischen Region/ Nordrhein-Westfalen | |
|---|---|
| Prognosezeitraum | Kurzfristig |
| Intervall | Laufend |
| Beteiligte Akteure | Arbeitsministerium Nordrhein-Westfalen, 9 Modellregionen in NRW, Stadthagen Südwestfälische Industrie- und Handwerkskammer, Berufsfortbildungswerk des DGB |
| Methoden | Modulares Instrument: 1. Identifizierung von Branchen u. Unternehmen mit hohem zusätzlichem Beschäftigungspotenzial, 2. Telefonische Befragung dieser Unternehmen, 3. Erstellung von Anforderungsprofilen |
| Quellen | Statistik offener Stellen, Arbeitslosenstatistik, Strukturdaten der BA, Unternehmensbefragungen |
| Perspektive | Bedarfsermittlung |
| Zielsetzung | Zeitnahes regionales Arbeitsmonitoring, rasche und passgenaue Entwicklung und Durchführung von Qualifizierungsmaßnahmen, passgenaue Vermittlung und Verbesserung des Informationsflusses |
| Nutzer/ Zielgruppe | Geringqualifizierte |
| Ansatzebene | Regional |
| Informationsquelle | Homepage: http://www.gib.nrw.de/site/homepage/service/downloads/ BB_Dienstl_MaerkRegionen.pdf. |

**Quelle**: Eigene Zusammenfassung der Prognoseverfahren anhand der genannten Quellen.

**Abb. 18: Vergleich einiger britischer Vorhersagen**

| Großbritannien | |
|---|---|
| **Leitch Review of Skills** | |
| Prognosezeitraum | Langfristig (bis 2020) |
| Intervall | Bisher einmalig |
| Beteiligte Akteure | Unabhängige, von der Regierung beauftragte Kommission (Leitch-Commission) |
| Methoden | Schriftliche Befragung |
| Quellen | Mehr als 250 Arbeitgeber und Arbeitgebervertretungen, Gewerkschaften und Bildungsträger |
| Perspektive | National |
| Zielsetzung | Den optimalen Skills-Mix für maximales Wirtschaftswachstum und Produktivität ermitteln und politisch umsetzen. |
| Nutzer/ Zielgruppe | Nationale Regierung |
| Informationsquelle | Leitch Review of Skills, HM Treasury Homepage (Britisches Wirtschafts- und Finanzministerium): http://www.hm-treasury.gov.uk/leitch_review_index.htm. |
| **Bedarfsermittlung durch Arbeitsverwaltung (Sector Skills Councils)** | |
| Prognosezeitraum | Mittelfristig |
| Intervall | Laufend |
| Beteiligte Akteure | Sector Skills Councils (SSCs) |
| Methoden | 1) quantitative Bedarfsermittlungen und 2) qualitative Szenario-Entwicklung |
| Quellen | Vorhandene Nationale Datensammlungen und Studien sowie Arbeitgeber in jeweiligen Sektoren |
| Perspektive | 25 Sektoren |
| Zielsetzung | Abschluss einer Vereinbarung zwischen Arbeitgebern und Bildungsträgern für jeweiligen Sektor → Betrachtung der Branche |
| Nutzer/ Zielgruppe | Sector Skills Development Agency |
| Informationsquelle | Homepage der Allianz der Sector Skills Councils: http://www.sscalliance.org/. |
| **Telefonischer Erhebung durch Learning and Skills Councils (LSCs)** | |
| Prognosezeitraum | Kurz- bis mittelfristig |
| Intervall | Unregelmäßig |
| Beteiligte Akteure | Learning and Skills Councils, Sector Skills Councils |
| Methoden | Telefonische Befragung |
| Quellen | Arbeitgeber |
| Perspektive | Nachfrage |
| Zielsetzung | Kurzfristige Maßnahmen zur Beseitigung von Fähigkeitsdefiziten, auch in der Migrationspolitik → Betrachtung der lokalen Ebene |
| Nutzer/ Zielgruppe | Britisches Bildungsministerium |
| Informationsquelle | Homepage LSCs: http://www.lsc.gov.uk/. |
| **Skills for Business Network 2005: Arbeitgeberbefragungen (Employer surveys) der Sector Skills Development Agency (SSDA)** | |
| Prognosezeitraum | Mittelfristig |
| Intervall | Jährlich |
| Beteiligte Akteure | Auftraggeber: Sector Skills Development Agency (SSDA), Durchführung: Ipsos MORI Social Reseach Institute |
| Methoden | Evaluationsstudie |
| Quellen | Unternehmerbefragung |
| Perspektive | Zufriedenheit mit dem Instrument der Sector Skills Councils auf Arbeitgeberseite |
| Zielsetzung | Verstärkung der Datengrundlage, systematische Verbesserung der Leistungsstrukturen der SSC |
| Nutzer/ Zielgruppe | Auftraggeber |
| Informationsquelle | Homepage: http://www.ukces.org.uk/Default.aspx?page=4639. |

| National Employer Skill Surveys 2007 | |
|---|---|
| Intervall | in jeder Region alle zwei Jahre |
| Beteiligte Akteure | Learning and Skills Council, Department for Innovation, Universities & Skills, Sector Skills Development Agency |
| Methoden | Bericht |
| Quellen | Unternehmerbefragung |
| Perspektive | Nachfrage, national, sektoral |
| Zielsetzung | Ermittlung von Art, Häufigkeit und Handlungsbedarf hinsichtlich mangelnder Qualifikationen aus Arbeitgebersicht |
| Nutzer/ Zielgruppe | Sector Skills Councils, Arbeitgeber |
| Informationsquelle | Homepage: http://research.lsc.gov.uk/LSC+Research/published/ness/ness2007.htm. |

| Skills in England 2007: Research Report des Learning and Skills Council | |
|---|---|
| Intervall | Jährlich |
| Beteiligte Akteure | Learning and Skills Council (LSC) in Zusammenarbeit mit Department for Innovation, Universities & Skills (DIUS); Sector Skills Development Agency |
| Methoden | Bericht |
| Quellen | Analyse |
| Perspektive | Gegenüberstellung von Nachfrage und Angebot, national, sektoral, regional und lokal |
| Zielsetzung | Schaffung einer umfangreichen Datenbasis für arbeitsmarktpolitische Maßnahmen |
| Nutzer/ Zielgruppe | „Everyone involved in improving skills and learning opportunities across England" |
| Informationsquelle | Der Bericht besteht aus 4 Teilen: Teil 1 gibt einen Überblick, Teil 2 präsentiert die Studie im Detail, Teil 3 stellt sektorale Ergebnisse dar und Teil 4 die regionalen und lokalen Erkenntnisse. Vgl. Homepage : http://research.lsc.gov.uk/LSC+Research/published/skills-in-england/Skills+in+England+2007.htm. |

| World Class Skills | |
|---|---|
| Prognosezeitraum | Langfristig (2020) |
| Intervall | Jährliche Evaluation im Rahmen des Haushaltsberichts |
| Beteiligte Akteure | Regierung, Ministerien: Department for Children, Schools & Families (DCFS), Department for Innovation, Universities and Skills (DIUS) |
| Methoden | Schrittweise Umsetzung der Empfehlungen des Leitch-Reports (s.o.), diverse Maßnahmen |
| Quellen | Siehe Leitch-Report |
| Perspektive | Strikte Orientierung aller Maßnahmen an Nachfrage / Bedarf ab 2010; Gilt nur für England! |
| Zielsetzung | Qualifizierungsinitiative der Regierung zur Steigerung der internationalen Wettbewerbsfähigkeit gemessen am oberen Viertel aller OECD-Länder |
| Nutzer/ Zielgruppe | Alle (potentiellen) Arbeitnehmer und Arbeitgeber in England |
| Informationsquelle | Homepage: http://www.dius.gov.uk/reports_and_publications/leitch |

| Institute for Employment Research (IER), Warwick University: "Working Futures 2004-2014 – National Report", veröffentlicht im Januar 2006 | |
|---|---|
| Prognosezeitraum | Langfristig: 10 Jahre |
| Intervall | Alle 10 Jahre |
| Beteiligte Akteure | Zuarbeit durch eine Projektgruppe aus Vertretern von SSDA, LSC, RDA, SSC, Finanzierung durch SSDA und LSC |
| Methoden | Multi-sektorales, regionales, makroökonomisches Modell i.V.m. Nachfrage- und Qualifikationsmodellen |
| Quellen | Arbeitsmarktbefragungen, Volkszählung 2001 |
| Perspektive | Detaillierte, umfassende Beschäftigungsprojektionen, um ein statistisches Fundament für das Angebot und die Nachfrage an Kompetenzen zu schaffen. |
| Zielsetzung | Mittelfristige Vorhersagen über Qualifikationsbedarf |
| Nutzer/ Zielgruppe | Finanzministerium, Ministerium für Bildung und Qualifikationen (DfES), SSCs, SSDA, RDAs, lokale LSCs, LSC; Bildungsinstitutionen |
| Informationsquelle | IER Homepage/Publikationen: http://www2.warwick.ac.uk/fac/soc/ier/publications/2006/ |

**Quelle**: Eigene Zusammenfassung anhand der genannten Quellen.

**Abb. 19: Beschäftigungsveränderungen nach Sektoren in Prozent mit Vorhersagen für die Jahre 2015 und 2020 in der EU-25 plus Norwegen und Schweiz**

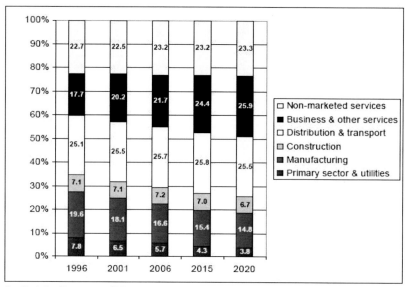

Quelle: Cedefop Panorama: Skill needs in Europe – Focus on 2020, 2008, S. 9.

**Abb. 20: Veränderungen der Qualifikationsebenen und Vorhersage für das Jahr 2020 in der EU-25 plus Norwegen und Schweiz**

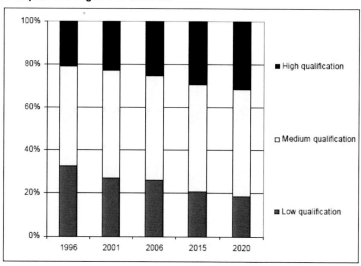

Quelle: Cedefop Panorama: Skill needs in Europe – Focus on 2020, 2008, S. 12.

**Abb. 21: Ermittlung von Trendqualifikationen des Instituts für Strukturpolitik und Wirtschaftsförderung (isw)**

| Branche/ Bereich | zukünftig benötigte Kompetenzen (Trendqualifikationen) | Qualifikationsprofile (Berufsbilder) |
|---|---|---|
| IT/ Multimedia | überfachliche Kompetenzen (soft skills), fachliche Hard- und Softwarekenntnisse, Internetkenntnisse | Software-Entwickler, Sounddesigner Multimediaoperator, Onlineredakteur Internetbildgestalter, Mitarbeiter für Marketing/ Vertrieb von EDV/ Multimediaprodukten |
| Einzelhandel | Kommunikationsfähigkeit, Waren- und Lifestylefachkompetenz, Kenntnisse von Logistik, Kalkulation, Zahlungsverkehr | Logistikfachkraft für Einzelhandel, Beratungsfachkraft im Einzelhandel, Verkäufer von Lifestyleprodukten, Produkthändler |
| Wellness | Fitness, Kommunikationsfähigkeit, Kundenfreundlichkeit, Dienstleistungsorientierung | Wellnessberater, Fachkraft für Fitness, Meditationsfachkraft, Centermanager, Kommunikationstrainer |
| Tourismus | Kenntnisse zum Reiserecht, Umgang mit EDV/ Buchungssystemen, kaufmännische Kenntnisse, Fremdsprachen, Zeitmanagement, Rhetorik | Travel-/ Eventdesigner, Reiseleiter für mobilitätseingeschränkte Menschen, Animateur, Fachkraft für Business Travel Management, Servicefachkraft, Agenturbetreuer |
| Gesundheitswesen | Kundenorientierung, Beratungskompetenz, medizinisches/ pflegerisches Gesundheitswesen, kulturintegrative Verhaltensweisen | Fachkraft für Medizintechnik, Fachkraft für technisches Versorgungsmanagement, Pflege-Fachkraft, Fachkraft für Gesundheitsservice/ betriebliches Gesundheitsmanagement |
| Finanzdienstleistungen | PC-/ Internetkenntnisse, soft skills, Kundenorientierung, Organisationstalent | Bankfachverkäufer, Finance-Lifestyle-Consultant, Finance-Info-Broker, Fullservice-Product-Designer |
| Biotechnologie/ Life Science | ingenieurwissenschaftliche Kenntnisse, kaufmännische Kenntnisse | Vertriebsmanager, Biotechkaufleute, Prozessmanager, Fachkraft für Qualitätssicherung, Dokumentationsassistenten |
| sicherheitsrelevante Dienstleistungen | Teamfähigkeit, kundengerechtes Verhalten Eigenverantwortlichkeit | Sicherheitskraft für Wohnbereich/ Empfang/ Veranstaltungsschutz/ Einzelhandel |
| Mobilitätsdienstleistungen | Flexibilität, Eigenengagement, Teamfähigkeit, Selbstverantwortung, prozessorientiertes Denken, Kunden-/ Serviceorientierung, | Mobiler Fahrgastbetreuer, Mobilitätsberater für Fahrgäste und Unternehmen |
| Erneuerbare Energien | Kundenorientierung, Gesprächs-/ Verhandlungsführung, PC-Kenntnisse, technische Kenntnisse, Flexibilität, Kommunikationsfähigkeit, Prozess-denken, kaufmännische Kenntnisse | Meister Solarforschung, Operateur Solarzellenproduktion, Kunststoffverarbeiter Rotorblattbau, Servicetechniker Windkraftanlagen |
| Bauwesen | technischer Sachverstand, Kundenfreundlichkeit, Prozessdenken, Teamfähigkeit | Fachkraft für barrierefreies Planen/ Bauen/ energieeffiziente Sanierung, Energieberater, Wohnberater, Restaurateur, Lehmbaufachkraft |
| Biologisierung | Biologisch-technisches Verständnis, PC-Kenntnisse | Biokant, Produktberater in Medizintechnik, Fachkraft für Bioinformatik/ Bionik, Grüne Biotechnologie |
| Landwirtschaft | Bereitschaft zur Anwendung neuer Verfahren, Flexibilität, Dienstleistungsorientierung | Land- und Tourismuswirt, Direktvermarkter, Energielandwirt |

Quelle: Eigene Darstellung der Ergebnisse des Instituts für Strukturpolitik und Wirtschaftsförderung (isw), Studie: Ermittlung von Trendqualifikationen als Basis zur Früherkennung von Qualifikationserfordernissen, Projektleitung: Dr. Lothar Abicht, Schlussbericht von Abicht, L./ Freikamp, H., Halle 1999 – 2007.

# Literaturverzeichnis

## Bibliografie

**Amtsblatt der Europäischen Union L 390** vom 31.12.2004: Entscheidung Nr. 2241/2004/EG des Europäischen Parlamentes und des Rates vom 15. Dezember 2004 über ein einheitliches gemeinschaftliches Rahmenkonzept zur Förderung der Transparenz bei Qualifikationen und Kompetenzen (Europass), S. 6 – 20, Luxemburg 2004.

**Amtsblatt der Europäischen Union L 205** vom 6.8.2005: Entscheidung des Rates vom 12. Juli 2005 über Leitlinien für beschäftigungspolitische Maßnahmen der Mitgliedstaaten, S. 21 – 27, Luxemburg 2005.

**Amtsblatt der Europäischen Union L 210** vom 31.7.2006: Verordnung (EG) Nr. 1081/2006 des Europäischen Parlaments und des Rates vom 5. Juli 2006 über den Europäischen Sozialfonds und zur Aufhebung der Verordnung (EG) Nr. 1784/1999, S. 12 – 18, Luxemburg 2006.

**Amtsblatt der Europäischen Union L 327** vom 24.11.2006: Beschluss Nr.1720/2006/EG des Europäischen Parlaments und des Rates vom 15. November 2006 über ein Aktionsprogramm im Bereich des lebenslangen Lernens, S. 45 – 68, Luxemburg 2006.

**Amtsblatt der Europäischen Union L 394** vom 30.12.2006: Empfehlung des Europäischen Parlaments und des Rates vom 18. Dezember 2006 zu Schlüsselkompetenzen für lebensbegleitendes Lernen, S. 10 – 18, Luxemburg 2006.

**Amtsblatt der Europäischen Union L 183** vom 13.7.2007: Empfehlung des Europäischen Parlaments und des Entscheidung des Rates vom 10. Juli 2007 über Leitlinien für beschäftigungspolitische Maßnahmen der Mitgliedstaaten, S. 25 – 26, Luxemburg 2007.

**Amtsblatt der Europäischen Union C 290** vom 4.12.2007: Entschließung des Rates vom 15. November 2007 zu den neuen Kompetenzen für neue Beschäftigungen (2007/C 290/01), S. 1 – 3, Luxemburg 2008.

**Amtsblatt der Europäischen Union C 111** vom 6.5.2008: Empfehlung des Europäischen Parlaments und des Rates vom 23. April 2008 zur Einrichtung des Europäischen Qualifikationsrahmens für lebenslanges Lernen, S. 1 – 7, Luxemburg 2008.

**Amtsblatt der Europäischen Union L 307** vom 18.11.2008: Empfehlung der Kommission vom 3. Oktober 2008 zur aktiven Eingliederung der aus dem Arbeitsmarkt ausgegrenzten Personen (2008/867/EG), S. 11 – 14, Luxemburg 2008.

**Amtsblatt der Europäischen Union L 155** vom 18.06.2009: Richtlinie 2009/50/EG des Rates vom 25. Mai 2009 über die Bedingungen für die Einreise und den Aufenthalt von Drittstaatsangehörigen zur Ausübung einer hochqualifizierten Beschäftigung, S. 17 – 29, Luxemburg 2009.

**Berufsbildungsbericht 2008**, Bundesministerium für Forschung und Entwicklung (BMBF), W. Bertelsmann Verlag, Bonn/ Berlin 2008.

**Bullinger, Hans-Jörg:** Qualifikationen im Wandel – Nutzen und Perspektiven der Früherkennung, FreQueNz, W. Bertelsmann Verlag, Bielefeld 2006.

**Bund-Länder-Kommission (BLK)**, Heft 104: Zukunft von Bildung und Arbeit – Perspektiven von Arbeitskräftebedarf und -angebot bis 2015, Bericht der Bund-Länder-Kommission für Bildungsplanung und Forschungsförderung (BLK) an die Regierungschefs von Bund und Ländern, BLK, Bonn 2002.

**Cedefop** [Susanne Liane Schmidt; Olga Strietska-Ilina; Manfred Tessaring, Bernd Dworschak (Hrsg.)]/ Bundesministerium für Bildung und Forschung (BMBF): Ermittlung künftiger Qualifikationserfordernisse – Forschungstransfer in Politik und Praxis, skillsnet, Amt für amtliche Veröffentlichungen der Europäischen Gemeinschaften, Luxemburg 2005.

**Cedefop**: Ermittlung von Qualifikationserfordernissen in der Nanotechnologie, Cedefop Panorama Serie 129, Amt für amtliche Veröffentlichungen der Europäischen Gemeinschaften, Luxemburg 2006.

**Cedefop**: Grundlagen eines „Gemeinsamen Bezugsrahmens für die Qualitätssicherung" für die berufliche Bildung in Europa, Fundamentals of a common quality assurance framework (CQAF) for VET in Europe, Amt für amtliche Veröffentlichungen der Europäischen Gemeinschaften, Luxemburg 2007.

**Cedefop** [Olga Strietska-Ilina, Manfred Tessaring (Hrsg.)]: Systems, institutional framworks and processes for early identification of skill needs, Cedefop Panorama Serie 135, Amt für amtliche Veröffentlichungen der Europäischen Gemeinschaften, Luxemburg 2007.

**Cedefop** [Alena Zukersteinova, Olga Strietska-Ilina (Hrsg.)]: Towards European skill needs forecasting, Cedefop Panorama Serie 137, Amt für amtliche Veröffentlichungen der Europäischen Gemeinschaften, Luxemburg 2007.

**Cedefop** [Patrycja Lipinska, Eleonora Schmid, Manfred Tessaring]: 2010 im Blickpunkt – Neubewertung der Berufsbildung, Amt für amtliche Veröffentlichungen der Europäischen Gemeinschaften, Luxemburg 2008.

**Cedefop**: Von der Politik zur Praxis – Ein systemischer Wandel der lebensbegleitenden Beratung in Europa, Cedefop Panorama Serie 154, Amt für amtliche Veröffentlichungen der Europäischen Gemeinschaften, Luxemburg 2008.

**Cedefop**: Future Skill Needs in Europe – Medium-term Forecast Synthesis Report, Amt für amtliche Veröffentlichungen der Europäischen Gemeinschaften, Luxemburg 2008.

**Cedefop**: Skill needs in Europe – Focus on 2020, Cedefop Panorama Serie 160, Amt für amtliche Veröffentlichungen der Europäischen Gemeinschaften, Luxemburg 2008.

**Cedefop**: Terminology of European education and training policy, A selection of 100 key terms, Amt für amtliche Veröffentlichungen der Europäischen Gemeinschaften, Luxemburg 2008.

**Clement, Ute/ Le Mouillour, Isabelle/ Walter, Matthias (Hrsg.):** Standardisierung un Zertifizierung beruflicher Qualifikationen in Europa, Schriftenreihe des Bundesinstitutes für Berufsbildung, W. Bertelsmann Verlag, Bonn 2006.

**Cogent**, The Sector Skills Council for Chemicals, Nuclear, Oil and Gas, Petroleum and Polymers: A Skill Needs Assessment of the Cogent Sector, Cogent, Warrington/ Großbritannien 2006.

**Demunter, Christophe**: Wie kompetent sind die Europäer im Umgang mit Computern und dem Internet? Eurostat Statistik kurz gefasst 17/2006, Amt für amtliche Veröffentlichungen der Europäischen Gemeinschaften, Luxemburg 2006.

**Department for Work and Pensions (DWP):** In work better off: next steps to full employment, The Stationery Office Limited (TSO), Norwich/ Großbritannien 2007.

**Dettling, Dr. Daniel/ Becker, Markus:** Wie sozial ist Europa – Eine vergleichende Analyse der wichtigsten Indikatoren zur gesellschaftlichen Zukunftsfähigkeit der EU, Studie 2009, berlinpolis – Politik für morgen, Berlin 2009.

**Dewe, Bernd/ Weber, Peter J.**: Wissensgesellschaft und Lebenslanges Lernen – Eine Einführung in bildungspolitische Konzeptionen der EU, Verlag Julius Klinkhardt, Bad Heilbrunn 2007.

**Dispan, Jürgen/ Grammel, Ralf/ Iwer, Frank/ Stieler, Sylvia**: Strukturwandel und regionale Kooperation. Arbeitsorientierte Strukturpolitik in der Region Stuttgart. Schüren Verlag, Marburg 2002.

**Eichhorst, Werner/ Thode, Eric**: Jüngere Arbeitsmarktentwicklungen – Benchmarking Deutschland Aktuell. Verlag Bertelsmann Stiftung, Gütersloh 2003.

**Esping-Andersen, Gøsta**: The Three Worlds of Welfare Capitalism. Princeton University Press, New Jersey/ USA 1990.

**Europäisches Beschäftigungsobservatorium (EBO)**: Bericht Herbst 2007, Europäische Kommission, GD Beschäftigung, soziale Angelegenheiten und Chancengleichheit, Referat D2, Amt für amtliche Veröffentlichungen der Europäischen Gemeinschaften, Luxemburg 2008.

**Europäische Kommission, Generaldirektion Bildung und Kultur**: Schlüsselkompetenzen für lebenslanges Lernen – Ein Europäischer Referenzrahmen, Amt für amtliche Veröffentlichungen der Europäischen Gemeinschaften, Luxemburg 2007.

**Europäische Zeitschrift Berufsbildung Nr. 7 - 1996/1, Hammer, Hans Dieter**: Modulare Aus- und Weiterbildung – Vergleichende Betrachtung des Bildungswesens im Vereinigten Königreich und Deutschlands, S. 28 – 33, Herausgeber: Cedefop, Thessaloniki/ Griechenland 2006.

**Europäische Zeitschrift für Berufsbildung Nr. 38 – 2006/2**, Herausgeber: Cedefop, Thessaloniki/ Griechenland 2006.

**Europäische Zeitschrift für Berufsbildung Nr. 39 – 2006/3**, Herausgeber: Cedefop, Thessaloniki/ Griechenland 2006.

**Europäische Zeitschrift für Berufsbildung Nr. 44 – 2008/2**, Herausgeber: Cedefop, Thessaloniki/ Griechenland 2008..

**Eurostat Jahrbuch 2008**: Europa in Zahlen, Europäische Kommission, Amt für amtliche Veröffentlichungen der Europäischen Gemeinschaften, Luxemburg 2008.

**Fagan, Colette/ O'Reilly, Jacqueline/ Halpin, Brendan**: Job opportunities for whom?, Labour market dynamics and service sector employment growth in Germany and Britain, WZB Diskussionspapier, Wissenschaftszentrum Berlin für Sozialforschung (WZB), Berlin 2005.

**Grundgesetz für die Bundesrepublik Deutschland** vom 23. Mai 1949 (BGBl. S. 1), zuletzt geändert durch Gesetz vom 28. August 2006 (BGBl. I S. 2034), Bundeszentrale für politische Bildung, Bonn 2006.

**Heidenreich, Martin**: Arbeitsorganisation und Qualifikation, erschienen in: H. Luczak; W. Volpert (Hrsg.): Handbuch Arbeitswissenschaft, S. 696-701, Schäffer-Poeschel Verlag, Stuttgart 1997.

**Hilbert, Christoph/ Mytzek, Ralf**, unter Mitarbeit von Michael Neugart und Janine Leschke: Strategische und methodische Ansatzpunkte zur Ermittlung des regionalen Qualifikationsbedarfs, Diskussionspapier FS I 02-211, Wissenschaftszentrum Berlin für Sozialforschung (WZB), Berlin 2002.

**HM Government**: World Class Skills – Implementing the Leitch Review of Skills in England, Department for Innovation, Universities & Skills, The Stationery Office Limited (TSO), Norwich/ Großbritannien 2007.

**Institut für Strukturpolitik und Wirtschaftsförderung  gGmbH (ISW),** Studien zur Ermittlung von Trendqualifikationen als Basis zur Früherkennung von Qualifikationserfordernissen sowie verschiedene Studien zur Qualifikationsentwicklung in unterschiedlichen Branchen, Projektleitung: Dr. Lothar Abicht, Halle 1999 – 2007.

**Institute for Employment Research (IER),** University of Warwick, R. Wilson, K. Homenidou and A. Dickerson: Working Futures 2004 – 2014, National Report, Sector Skills Development Agency (SSDA), Wath on Dearne/ Großbritannien 2006.

**Internationales Arbeitsamt Genf (IAA), Internationale Arbeitskonferenz,** 97. Tagung 2008: Bericht V – Qualifikationen für mehr Produktivität, Beschäftigungswachstum und Entwicklung, Genf/ Schweiz 2008.

**Kastendiek, Hans/ Rohe, Karl/ Volle, Angelika (Hrsg.):** Großbritannien, Geschichte – Politik – Wirtschaft – Gesellschaft, Campus Verlag, 2. Auflage, Bonn 1999.

**Kastendiek, Hans/ Sturm, Roland** (Hrsg.): Länderbericht Großbritannien, Geschichte – Politik – Wirtschaft – Gesellschaft – Kultur, Bundeszentrale für politische Bildung, 3. Auflage, Bonn 2006.

**Kleinhenz, Gerhard** (Hrsg.): IAB-Kompendium Arbeitsmarkt- und Berufsforschung, Beiträge zur Arbeitsmarkt- und Berufsforschung, BeitrAB 250, W. Bertelsmann Verlag, Bielefeld 2002.

**Koch, Max:** Arbeitsmärkte und Sozialstrukturen in Europa – Wege zum Postfordismus in den Niederlanden, Schweden, Spanien, Großbritannien und Deutschland, Westdeutscher Verlag, Wiesbaden 2003.

**Kruse, Andreas (Hrsg.):** Weiterbildung in der zweiten Lebenshälfte – Multidisziplinäre Antworten auf Herausforderungen des demografischen Wandels, Theorie und Praxis der Erwachsenenbildung, W. Bertelsmann Verlag, Bielefeld 2008.

**Kühlewind, Gerhard:** Zu einigen strittigen Problemfeldern der neuen IAB/Prognos-Projektion, in: Mitteilungen aus der Arbeitsmarkt- und Berufsforschung (MittAB 1/90), 23. Jg./1990, Institut für Arbeitsmarkt- und Berufsforschung (IAB), Forschungseinrichtung der Bundesanstalt für Arbeit (jetzt Bundesagentur für Arbeit), Nürnberg 1990.

**Länger, Theo W./ Menke, Barbara (Hrsg.):** Generation 40plus, Demografischer Wandel und Anforderungen an die Arbeitswelt, W. Bertelsmann Verlag, Bielefeld 2007.

**Lassnigg, Lorenz:** Approaches to the anticipation of skill needs in the „Transitional Labour Market" perspective – the Austrian experience, Wissenschaftszentrum Berlin für Sozialforschung (WZB), Berlin 2006.

**Leitch Review of Skills:** Prosperity for all in the global economy – world class skills, Final Report, December 2006, HM Treasury, The Stationery Office Limited (TSO), Norwich/ Großbritannien 2006.

**May, Hermann** (Hrsg.): Handbuch zur ökonomischen Bildung, 9. Auflage, Oldenbourg Wissenschaftsverlag, München 2008.

**Mayer, Karl Ulrich/ Solga, Heike:** Skill Formation – Interdisciplinary and Cross-National Perspectives, Cambridge University Press, New York/ USA 2008.

**Müller, Kirstin:** Schlüsselkompetenzen und beruflicher Verbleib – Berichte zur beruflichen Bildung, Schriftenreihe des Bundesinstitutes für Berufsbildung Bonn, W. Bertelsmann Verlag, Bielefeld 2008.

114

**National Employers Skills Survey 2003:** Key Findings, Report des Institute for Employment Reseach (IER)/ Universität Warwick für den Learning and Skills Council (LSC), Department for Education and Skills (DfES), London 2004, S. 7.

**Neugart, Michael/ Schömann, Klaus:** Forecasting Labour Markets in OECD Countries – Measuring and Tackling Mismatches, Labour Markets and Employment Policy, Edward Elgar Publishing, MPG Books Ldt, Cornwall/ Großbritannien 2002.

**OECD:** PISA 2006. Internationaler Vergleich von Schülerleistungen. Die Studie im Überblick. Naturwissenschaft, Lesen, Mathematik, Leykam Verlag, Graz/ Österreich 2007.

**OECD/ Sylvain Giguère (Hrsg.):** More than just jobs: Workforce development in a skill-based economy, OECD Studie 2008, Paris/ Frankreich 2008.

**OECD/ Corinne Nativel (Hrsg.):** Skills Upgrading, New Policy Perspectives, OECD Studie 2006, Paris/ Frankreich 2006.

**People1st,** Sector Skills Council (SSC) für für die Gastfreundschaft, Freizeit, Reisen und Tourismus: Raising the Bar, Nationale Qualifikationsstrategie für Gastfreundschaft, Freizeit, Reise- und Tourismussektor in England, people1st, Uxbridge/ Großbritannien 2008.

**Petersen, Wiebke:** Berufliche Fähigkeiten – Social Skills, Pädagogische Beiträge zur sozialen und kulturellen Entwicklung, LIT Verlag, Berlin 2006.

**Puhani, Josef:** Volkswirtschaftslehre Basiswissen, 3. Auflage, Oldenbourg Wissenschaftsverlag, München 2009.

**Rittenbruch, Klaus:** Makroökonomie, 11. Auflage, Oldenbourg Wissenschaftsverlag, München 2000.

**Schleiermacher, Thomas:** Arbeitslosigkeit Geringqualifizierter, Humankapitaltheoretische Ursachenanalyse und Instrumente einer Reduzierung der Arbeitslosigkeit Geringqualifizierter auf dem bundesdeutschen Arbeitsmarkt, Kölner Schriften zur Sozial- und Wirtschaftspolitik Band 49, Transfer Verlag, Regensburg 2004.

**Schmidt, Christoph M./ Zimmermann, Klaus F./ Fertig, Michael / Kluve, Jochen:** Perspektiven der Arbeitsmarktpolitik, Internationaler Vergleich und Empfehlungen für Deutschland, Springer Verlag, Berlin/ Heidelberg 2001.

**Schneeberger, Arthur:** Qualifiziert für die Wissens- und Dienstleistungsgesellschaft – Über Trends, die den zukünftigen Aus- und Weiterbildungsbedarf bestimmen; in: Europäische Zeitschrift für Berufsbildung Nr. 38 – 2006/2, S. 7-26, Cedefop, Thessaloniki 2006.

**Schröter, Stefan:** Berufliche Weiterbildung in Großbritannien für gering qualifizierte Arbeitskräfte, Wissenschaftszentrum Berlin für Sozialforschung (WZB), Berlin 2003.

**Schütz, Holger:** Controlling von Arbeitsverwaltungen im internationalen Vergleich, Wissenschaftszentrum Berlin für Sozialforschung (WZB), Berlin 2003.

**Sevsay Tegethoff, Nese:** Ein anderer Blick auf Kompetenzen, in: F. Böhle, S. Pfeiffer, N. Sevsay Tegethoff (Hrsg.): Die Bewältigung von Unplanbarem, Verlag für Sozialwissenschaften, Wiesbaden 2004.

**Sloane, Peter F.E.:** Zu den Grundlagen eines Deutschen Qualifikationsrahmens (DQR) – Konzeptionen, Kategorien, Konstruktionsprinzipien; Berichte zur beruflichen Bildung; Schriftenreihe des Bundesinstituts für Berufsbildung (BIBB); Bertelsmann Verlag, Bonn 2008.

# Internetquellen

**Asset Skills** Homepage: http://www.assetskills.org/home/home.asp, letzter Zugriff am 03.06.2009.

**Behr, Michael/ Engel, Thomas/ Weiss, Antje:** Berichtssystem zur Früherkennung von Personal- und Qualifizierungsbedarf, 2004, www.cms.rbs-news.de/download.php?id=55, letzter Zugriff am 14.07.2009.

**Berufsbildungsbericht 2009,** Bundesministerium für Forschung und Entwicklung (BMBF), Bonn/ Berlin 2009, http://www.bmbf.de/pub/bbb_09.pdf, letzter Zugriff am 30.06.2009.

**Berufsbildungsgesetz (BBiG),** Bundesministerium der Justiz (BMJ), Gesetze/ Verordnungen, Berufsbildungsgesetz: http://www.gesetze-im-internet.de/bbig_2005/index.html, letzter Zugriff am 17.06.2009.

**Bologna-Prozess,** Homepage: http://www.ond.vlaanderen.be/hogeronderwijs/bologna/, letzter Zugriff am 23.06.2009.

**British Department for Work an Pensions (DWP),** Homepage: http://www.dwp.gov.uk, letzter Zugriff am 22.06.2009.

**Bundesministerium für Arbeit und Soziales (BMAS):** Sozial-Kompass Europa – Soziale Sicherheit in Europa im Vergleich, Bonn 2006, http://www.bmas.de/coremedia/generator/2882/property=pdf /sozial_kompass_europasoziale_409.pdf, letzter Zugriff am 17.06.2009.

**Bundesministeriums für Bildung und Forschung (BMBF)** Homepage: http://www.bmbf.de, letzter Zugriff am 18.06.2009.

**Cedefop Homepage:** http://www.cedefop.europa.eu, letzter Zugriff am 03.06.2009

**Cedefop working paper No 1:** Systems for anticipation of skill needs in the EU member states, European Centre for the Development of Vocational Training, Thessaloniki/ Griechenland 2008, http://www.cedefop.europa.eu/etv/Upload/Information_resources/Bookshop/512/WorkingPaper01_Oct 2008.pdf, letzter Zugriff am 25.06.2009.

**EurActiv.com** vom 04.01.2007: Großbritannien über Kosten und Vorteile der Einwanderung gespalten; http://www.euractiv.com/de/erweiterung/grobritannien-kosten-vorteile-einwanderung-gespalten/article-160666; letzter Zugriff am 28.03.2009.

**EurActiv.com** vom 03.03.2009: Europa steht vor Qualifikationskrise; http://www.euractiv.com/de/eu-summit/europa-steht-qualifikationskrise/article-179926; letzter Zugriff am 28.03.2009.

**EURES Homepage:** http://ec.europa.eu/eures/home.jsp?lang=de, letzter Zugriff am 03.06.2009.

**Europäisches Beschäftigungsobservatorium (EBO),** Berichte abrufbar unter: http://www.eu-employment-observatory.net/de/reviews/, letzter Zugriff am 02.07.2009.

**Eurydice:** Das Bildungswesen in der Bundesrepublik Deutschland 2007 – Darstellung der Kompetenzen, Strukturen und bildungspolitischen Entwicklungen für den Informationsaustausch in Europa, Herausgeber: Sekretariat der Ständigen Konferenz der Kultusminister der Länder in der Bundesrepublik Deutschland, Bonn 2008, http://www.kmk.org/fileadmin/doc/Dokumentation/Bildungswesen_pdfs/dossier_dt_ebook.pdf, letzter Zugriff am 22.06.2009.

**Eurostat Homepage**, Bereich Statistiken, http://epp.eurostat.ec.europa.eu/portal/page/portal/statistics/themes, letzter Zugriff am 03.06.2009.

**FreQueNz-Newsletter/ Bullinger, Hans-Jörg (Hrsg.)**: FreQueNz-Newsletter 2008, Fraunhofer IAO, Stuttgart 2009, http://www.frequenz.net/pool_detail.cfm, letzter Zugriff am 30.06.2009.

**Handelsblatt.com** vom 20.08.2007: Fachkräftemangel kommt Deutschland teuer; http://www.handelsblatt.com/politik/deutschland/fachkraeftemangel-kommt-deutschland-teuer;1310972; letzter Zugriff am 28.03.2009.

**Hillmert, Steffen/ Jacob, Marita**: Multiple episodes: training careers in a learning society, Arbeitspapier der Universität Bamberg, des Instituts für Arbeitsforschung Nürnberg und des Max-Planck-Instituts für Bildungsforschung Berlin, Bamberg 2004, http://www.roa.unimaas.nl/TIY2003/papers/hillmertjacob.PDF, letzter Zugriff am 18.06.2009.

**Hilbert, Christoph/ Mytzek, Ralf/ Neugart, Michael**: Regionale Qualifikationsbedarfsanalysen für mehr Effizienz und Transparenz am Arbeitsmarkt, Strategiepapier zum Teilprojekt: Arbeitspolitische Maßnahmen und Arbeitsmarktforschung in der Kommission „Moderne Dienstleistungen und Arbeitsmarkt" („Hartz-Kommision"), in Kooperation mit dem Wissenschaftszentrum Berlin für Sozialforschung, Berlin 2002, http://www.orga.uni-sb.de/lehre/hartz-kommission/Organisation_ Kommissionsarbeit/Beitraege_der_Sachverstaendigen/Hilbert_ua_0206_Qualifizier.pdf, letzter Zugriff am 06.07.2009.

**Institut für Arbeitsmarktforschung (IAB)**, Forschungseinrichtung der Bundesagentur für Arbeit), Publikationen abrufbar unter: http://www.iab.de/de/publikationen.aspx, letzter Zugriff am 09.07.2009.

**INSEAD Studie**: „Who cares? Who dares?", Bericht vorgestellt beim 7. European Business Summit am 26.03.2009 in Brüssel, abrufbar unter: http://www.insead.fr/media_relations/press_release/2009_feb_report.cfm, letzter Zugriff am 08.07.2009.

**Institut der deutschen Wirtschaft Köln (IW)/ BMBF**: Projektendbericht, Machbarkeitsstudie für ein System zur Erfassung von mittelfristigen Arbeitsmarktentwicklungen – „Arbeitsmarktradar", Ziele und Inhalte der Machbarkeitsstudie, Köln/ Berlin 2004, http://www.bmbf.de/pub/abschlussbericht_arbeitsmarktradar_gesamt.pdf, letzter Zugriff am 30.06.2009.

**International Data Corporation (IDC), Weißbuch**: Networking Skills in Europe – Will an Increasing Shortage Hamper Competitiveness in the Global Market?, Analyse von: Marianne Kolding/ Vladimír Kroa, commissioned by Cisco Systems, Frankfurt 2005, http://www.cisco.com/web/IT/training_education/networking_academy/idc_05.pdf, letzter Zugriff am 06.07.2009.

**Interregionale Arbeitsmarkbeobachtungsstelle (IBA)**: Auswirkungen des demographischen Wandels auf den Arbeitsmarkt der Großregion. Zweites Themenheft im Rahmen des Gesamtvorhabens „Stand, Perspektiven und Handlungserfordernisse des Arbeitsmarkts der Großregion bis 2020", Saarbrücken 2006, http://www.info-institut.de/doc/Themenheft_DW.pdf; letzter Zugriff am 29.03.2009.

**Jobcentre Plus**, britische Arbeitsverwaltung und –vermittlung, http://www.jobcentreplus.gov.uk, letzter Zugriff am 22.06.2009.

**Kommission der Europäischen Gemeinschaften**, Generaldirektion Beschäftigung, Soziale Angelegenheiten und Chancengleichheit: Neue Kompetenzen für neue Beschäftigungen; http://ec.europa.eu/social/main.jsp?catId=568&langId=de; letzter Zugriff am 22.07.2009.

**Kommission der Europäischen Gemeinschaften**, Mitteilung vom 21.11.2001: Einen europäischen Raum des lebenslangen Lernens schaffen; KOM(2002) 678 endgültig, Brüssel 2002, http://eur-lex.europa.eu/LexUriServ/LexUriServ.do?uri=COM:2001:0678:FIN:DE:PDF, letzter Zugriff am 16.06.2009.

**Kommission der Europäischen Gemeinschaften**, Mitteilung vom 31.3.2005: Umstrukturierung und Beschäftigung – Umstrukturierungen antizipieren und begleiten und die Beschäftigung fördern: die Rolle der Europäischen Union, *KOM(2005) 120 endgültig*, Brüssel 2005, eur-lex.europa.eu/LexUriServ/LexUriServ.do?uri=CELEX:52005DC0120:DE:NOT - 70k -, letzter Zugriff am 01.06.2009.

**Kommission der Europäischen Gemeinschaften**: Vorschlag für eine Empfehlung des Europäischen Parlaments und des Rates zur Einrichtung eines Europäischen Qualifikationsrahmens für lebenslanges Lernen vom 5.9.2006, *KOM(2006) 479 endgültig*, Brüssel 2006, http://ec.europa.eu/education/policies/educ/eqf/com_2006_0479_de.pdf, letzter Zugriff am 02.05.2009.

**Kommission der Europäischen Gemeinschaften**, Arbeitsdokument der Kommissionsdienststellen *SEK(2006) 1431*: Das europäische Leistungspunktesystem für die Berufsbildung (ECVET) – Ein europäisches System für die Übertragung, Akkumulierung und Anerkennung von Lernleistungen im Bereich der Berufsbildung, Brüssel, 31.10.2006, http://ec.europa.eu/education/ecvt/work_de.pdf, letzter Zugriff am 03.06.2009.

**Kommission der Europäischen Gemeinschaften**, Mitteilung der Kommission an den Rat, das Europäische Parlament, den Europäischen Wirtschafts- und Sozialausschuss und den Ausschuss der Regionen vom 7.9.2007: IKT-Kompetenzen für das 21. Jahrhundert: Wettbewerbsfähigkeit, Wachstum und Beschäftigung fördern, *KOM(2007) 496 endgültig*, Brüssel 2007, http://ec.europa.eu/enterprise/ict/policy/ict-ills/2007/COMM_PDF_COM_2007_0496_F_DE_ACTE.pdf, letzter Zugriff am 02.05.2009.

**Kommission der Europäischen Gemeinschaften**, Mitteilung der Kommission an den Europäischen Rat vom 11.12.2007: Strategiebericht zur erneuerten Lissabon-Strategie für Wachstum und Beschäftigung: Eintritt in den neuen Programmzyklus (2008-2010) – Das Tempo der Reformen beibehalten, *KOM(2007) 803 endgültig Teil I*, Brüssel 2007, http://eur-lex.europa.eu/LexUriServ/LexUriServ.do?uri=CELEX:52007DC0803(02):DE:HTML, letzter Zugriff am 31.05.2009.

**Kommission der Europäischen Gemeinschaften**, Mitteilung der Kommission an den Europäischen Rat vom 26.11.2008: Europäisches Konjunkturprogramm, *KOM(2008) 800 endgültig*, Brüssel 2008, http://ec.europa.eu/employment_social/esf/docs/recovery_plan_de.pdf, letzter Zugriff am 01.06.2009.

**Kommission der Europäischen Gemeinschaften**, Mitteilung der Kommission an das Europäische Parlament, den Rat, den Europäischen Wirtschafts- und Sozialausschuss und den Ausschuss der Regionen vom 16.12.2008: Neue Kompetenzen für neue Beschäftigungen – Arbeitsmarkt- und Qualifikationserfordernisse antizipieren und miteinander in Einklang bringen, *KOM(2008) 868 endgültig*, [SEK(2008) 3058], Brüssel 2008, http://ec.europa.eu/social/BlobServlet?docId=1496&langId=de, letzter Zugriff am 01.06.2009.

**Kommission der Europäischen Gemeinschaften,** Arbeitsdokument der Kommissionsdienststellen/ Commission Staff Working Document **SEC(2008) 3058/2,** accompanying the Communication from the Commission to the European Parliament, the Council, the European Economic and Social Committee and the Committee of the Regions: New Skills for New Jobs – Anticipating and matching labour market and skills needs, Brüssel 2008, http://ec.europa.eu/education/lifelong-learning-policy/doc/ sec3058_en.pdf, letzter Zugriff am 01.06.2009.

**Kommuniqué von Helsinki** über die verstärkte europäische Zusammenarbeit in der Berufsbildung, Kommuniqué der für Berufsbildung zuständigen europäischen Minister, der europäischen Sozialpartner und der Europäischen Kommission – Überprüfung der Prioritäten und Strategien des Kopenhagen-Prozesses in Helsinki am 5. Dezember 2006, Helsinki/ Finnland 2006, http://ec.europa.eu/education/policies/2010/doc/helsinkicom_de.pdf, letzter Zugriff am 17.05.2009.

**Kommuniqué von Maastricht** zu den künftigen Prioritäten der verstärkten Europäischen Zusammenarbeit in der Berufsbildung (Fortschreibung der Kopenhagener Erklärung vom 30. November 2002), Europäische Kommission, Dezember 2004; http://ec.europa.eu/education/news/ip/docs/maastricht_com_de.pdf, letzter Zugriff am 20.05.2009.

**Kultusministerkonferenz** (Ständige Konferenz der Kultusminister der Länder in der Bundesrepublik Deutschland): Aktuelle Forschungsinteressen der Länder im Rahmen der Gemeinschaftsaufgabe von Bund und Ländern gemäß Art. 91 b Abs. 2 GG vom 13.11.2007, http://www.kmk.org/fileadmin/pdf/PresseUndAktuelles/2007/071113forschungsint-laender.pdf, letzter Zugriff am 02.05.2009.

**Leitch Review of skills**: Skills in the UK – The long-term challenge, HM Treasury (Britisches Wirtschafts- und Finanzministerium), Berichte abrufbar unter: http://www.hm-treasury.gov.uk/leitch_review_index.htm, letzter Zugriff am 02.07.2009.

**Learning and Skills Council (LSC)**, Homepage: http://www.lsc.gov.uk/, letzter Zugriff am 22.06.2009.

**Learning and Skills Council (LSC)**: Skills in England 2007, Volume 1 – 4, abrufbar unter: http://research.lsc.gov.uk/LSC+Research/published/skills-in-england/Skills+in+England+2007.htm, letzter Zugriff am 10.07.2009.

**Learning and Skills Council (LSC)**: National Employers Skills Survey 2007, Band 1: Key Findings, Band 2: Main Report, abrufbar unter: http://research.lsc.gov.uk/LSC+Research/published/ness/ness2007.htm, letzter Zugriff am 05.07.2009.

**Lissabon-Strategie für Wachstum und Beschäftigung**, Europäische Kommission, GD Wachstum und Beschäftigung, http://ec.europa.eu/growthandjobs/faqs/background/index_de.htm, letzter Zugriff am 15.06.2009.

**London Skills and Employment Board (LSEB)**, Homepage: http://www.london.gov.uk/lseb/, letzter Zugriff am 22.06.2009.

**Mertens, Andreas**: Modellvorhaben Prospect – dialogorientiertes regionales Arbeitsmarktmonitoring, Abschlussbericht, Gesellschaft für innovative Beschäftigungsförderung (GIB), Bottrop 2002, http://www.gib.nrw.de/service/downloads/Gesamtabschluss_Prospect.pdf, letzter Zugriff am 30.06.2009.

**OECD 2005**: Definition und Auswahl von Schlüsselkompetenzen, 2005, http://www.oecd.org/dataoecd/36/56/35693281.pdf, letzter Zugriff am 01.05.2009.

**OECD 2007**: Bildung auf einen Blick 2007 (Education at a glance 2007), OECD Briefing Notes für Deutschland, http://www.oecd.org/de/bildungaufeinenblick, letzter Zugriff am 19.06.2009.

**Qualifications and Curriculums Authority (QCA):** http://www.qca.org.uk/, letzter Zugriff am 17.07.2009.

**RAND Europe** (Forschungsteam Erik Frinking, Andreas Ligtvoet, Pernilla Lundin, Wija Oortwijn): The Supply and Demand of e-skills in Europe, Studie für die Europäische Kommission und das Europäische e-Skills Forum, Brüssel 2005, http://ec.europa.eu/enterprise/ict/policy/doc/eskills-2005-10-11.rand.pdf, letzter Zugriff am 06.07.2009.

**Rat der Europäischen Union:** Antizipation und Erfüllung der Erfordernisse des Arbeitsmarkts mit besonderem Schwerpunkt auf jungen Menschen – eine Initiative für Beschäftigung und Qualifikation, Entwurf von Schlussfolgerungen des Rates vom 04. Juni 2008, Nr. 10091/08, Brüssel 2008 http://register.consilium.europa.eu/pdf/de/08/st10/st10091.de08.pdf, letzter Zugriff am 02.05.2009.

**Rat der Europäischen Union:** 2855. Tagung des Rates Beschäftigung, Sozialpolitik, Gesundheit und Verbraucherschutz, 29. Februar 2008, Mitteilung an die Presse Nr. 6753/08 (Presse 46), C/08/46, Brüssel 2008, http://www.consilium.europa.eu/uedocs/cms_data/docs/pressdata/de/lsa/99443.pdf, letzter Zugriff am 01.06.2009.

**Rat der Europäischen Union:** 2876. Tagung des Rates Beschäftigung, Sozialpolitik, Gesundheit und Verbraucherschutz, 9.-10. Juni 2008, Mitteilung an die Presse Nr. C/08/166, 10414/08 (Presse166), Luxemburg 2008, http://www.consilium.europa.eu/uedocs/cms_data/docs/pressdata/de/lsa/101752.pdf, letzter Zugriff am 01.06.2009.

**Rat der Europäischen Union:** Entscheidung des Rates über Leitlinien für beschäftigungspolitische Maßnahmen der Mitgliedstaaten, Nr. 10614/08, Brüssel, den 30. Juni 2008, http://register.consilium.europa.eu/pdf/de/08/st10/st10614.de08.pdf, letzter Zugriff am 01.06.2009.

**Regional Development Agencies (RDAs)** Homepage: http://www.englandsrdas.com/, letzter Zugriff am 05.07.2009.

**Sector Skills Councils (SSCs)** Homepage: http://www.sscalliance.org/, letzter Zugriff am 22.06.2009.

**Skillsnet** Homepage: http://www.trainingvillage.gr/skillsnet, letzter Zugriff am 03.06.2009.

**UK Commission for Employment and Skills (UKCES)** Homepage: http://www.ukces.org.uk/server.php?show=nav.1, letzter Zugriff am 10.07.2009